Mobbing: Kleinkrieg am Arbeitsplatz

Mobbing ist ein neuer Begriff für ein altes Phänomen: für tägliche Schikanen und Intrigen bis hin zum Psycho-Krieg. »Wenn du Kollegen hast, brauchst du keine anderen Feinde«, bringt es Henry Walter auf den Punkt und zeigt erstmals Wege aus diesem Dilemma. Sein Buch hilft Führungskräften zu erkennen, ob in ihrem Unternehmen gemobbt wird und zeigt an Fallbeispielen die Symptome und Entwicklung der zerstörerischen Kleinkriege. In einem Drei-Phasen-Modell vermittelt Henry Walter praxisnahe Maßnahmen, um Mobbing zu erkennen, entgegenzusteuern und für die Zukunft zu vermeiden. Sein Fazit: Ein Unternehmen mit echter Streitkultur, in dem laut gedacht, offen geredet und ehrlich gestritten wird, ist der beste Schutz gegen Mobbing.

Henry Walter, Arbeits- und Organisationspsychologe, ist Geschäftsführer der Gesellschaft für Kommunikation und Weiterbildung in Hamburg. Während seiner zwanzigjährigen Tätigkeit als Unternehmensberater und Trainer hat er mittelständische und Großunternehmen von innen kennengelernt und beraten.

Henry Walter
unter Mitarbeit von Claudia Cornelsen

Mobbing: Kleinkrieg am Arbeitsplatz

Konflikte erkennen, offenlegen und lösen

Campus Verlag
Frankfurt/New York

Die Deutsche Bibliothek – CIP-Einheitsaufnahme

Walter, Henry:
Mobbing: Kleinkrieg am Arbeitsplatz : Konflikte erkennen, offenlegen und lösen / Henry Walter. Unter Mitarb. von Claudia Cornelsen. – 2. Aufl. – Frankfurt[Main] ; New York : Campus Verlag, 1993
ISBN 3-593-34942-6

2. Auflage 1993

Umschlaggestaltung: Atelier Warminski, Büdingen
Satz: Textline GmbH, Oberursel
Druck und Bindung: Druckhaus Beltz, Hemsbach
Dieses Buch wurde auf säurefreiem und chlorfrei gebleichtem Papier gedruckt.
Printed in Germany

Inhalt

Einleitung

In einer Zeit, in der sich Marktvorteile von Unternehmen nicht mehr allein über technologische Neuerungen oder Produktinnovationen, sondern über zielgruppengerechte Kommunikationstechniken, Imagefaktoren und nicht zuletzt Kostensenkung und Effizienz in der Produktion ergeben, ist die Qualität der Mitarbeiter zu einem wichtigen Erfolgsfaktor geworden.

Vor dem Hintergrund dieser Entwicklung tritt die psychosoziale Befindlichkeit des einzelnen Angestellten in den Vordergrund. Der Mensch ist nicht mehr ein Rädchen im Getriebe, sondern jeder einzelne wird wichtig für den Unternehmenserfolg.

Jedes Unternehmen, das von den Mitarbeitern emotionale Stärke, Freundlichkeit und Souveränität im Auftreten gegenüber Kunden und Mitarbeitern erwartet und sich gleichzeitig nicht um Schaffung dieser psychischen Stabilität bemüht, handelt unverantwortlich. Und es schneidet sich ins eigene Fleisch.

Fehlzeiten, Kündigungen, mangelndes Engagement kosten Betriebe zusätzliches Geld, das sich im Etat »Personalkosten« versteckt und durch Gehaltskürzungen oder Arbeitsrationalisierung nicht aufgefangen werden kann. Im Gegenteil: Ein Unternehmen mit schlechtem »Betriebsklima« und schlechtem Lohn verliert auf dem Arbeitsmarkt fast völlig an Attraktivität. Wer qualifizierte und motivierte Mitarbeiter will, denkt um.

Einer der schlimmsten Störfaktoren im Betrieb ist der Kleinkrieg unter den Beschäftigten, der Psychoterror am Arbeitsplatz – oder kurz: »Mobbing«.

Mobbing kennt fast jeder und hat rein statistisch jeder vierte einmal in seinem Leben erlebt. Mobbing greift die Persönlichkeitsstruktur der Arbeitnehmer an und macht krank. Mobbing zerstört das Betriebsklima und untergräbt den Erfolg des Unternehmens.

Moderne, managementbewußte Unternehmen richten den Blick deshalb zunehmend auf die emotionale Befindlichkeit ihrer Mitarbeiterinnen und Mitarbeiter, spüren Störfaktoren auf und beseitigen sie so schnell wie möglich.

Mit diesem Buch wollen wir Hilfestellung leisten, die Bedeutung von Mobbing für das Unternehmen zu erkennen und Mobbingfälle im Betrieb aufzuspüren und zu lösen oder im Idealfall zu verhindern.

Denn Mobbing ist viel zu teuer, um es zu übersehen.

Die wirtschaftlichen Auswirkungen von Mobbing

Fallbeispiel Computerfirma

In einer jungen Computerfirma in Süddeutschland sind insgesamt zehn Mitarbeiter beschäftigt. Das Unternehmen hat sich auf Großrechner und Computersysteme spezialisiert und bietet seinen wenigen Großkunden »Full Service«: Beratung in der Vorbereitungsphase, Entwicklung von firmenspezifischen Programmen, Verkauf der Hard- und Software, Installation des Computers, Schulungen und Wartungsdienst.

Um qualifizierte Mitarbeiter zu finden, bieten die beiden Geschäftsführer den meisten ihrer Angestellten ein überdurchschnittliches Gehalt und mehr Urlaubstage als bei anderen Computerfirmen üblich. Im Gegenzug erwarten sie von ihren Mitarbeitern Engagement, Bereitschaft zu Überstunden, Schnelligkeit und Flexibilität. Denn vor allem die Serviceleistung »Wartungsdienst«, die für alle Kunden ausschlaggebend bei der Entscheidung für das junge Unternehmen war, verlangt von den Mitarbeitern großen Einsatz. Hier müssen alle schnell und kompetent arbeiten und andere Arbeiten, die warten können, zurückstellen.

Jüngster Mitarbeiter ist der Berufsanfänger Fred, ein schüchterner, aber talentierter Informatiker mit besten Zeugnissen, der nur langsam Kontakt zu seinen Kollegen findet. Etwa ein halbes Jahr nach Einstieg in der Computerfirma muß Fred seine asthmakranke Mutter bei sich zu

Hause aufnehmen. Immer häufiger kommt er übernächtigt zur Arbeit. Als sich seine Fehler häufen, wird er mit Rücksicht auf seine private Situation von dem hektischen Wartungsdienst befreit und ausschließlich in der weniger stressigen Kundenberatung eingesetzt. Die Kolleginnen und Kollegen zeigen Verständnis und sind zunächst bereit, zusätzliche Mehrarbeit zu übernehmen, um Fred zu entlasten.

Als ein neuer Großkunde für hektischere Arbeitsbedingungen sorgt, wird Freds Arbeitskraft eigentlich wieder voll gebraucht. Die Geschäftsführer wollen Fred jedoch nicht überfordern und versuchen, die anderen Angestellten zu weiteren Überstunden zu motivieren. Unter denen entwickelt sich Unmut, der sich zunehmend gegen Fred richtet. Das immer wiederkehrende Argument lautet: »Wir leben zu Hause auch nicht im Paradies. Wir nehmen gerne Rücksicht, aber das nimmt ja kein Ende.«

Einige Mitarbeiter gönnen sich jetzt »zum Ausgleich« längere Pausen; auf der Toilette findet sich ein Graffiti: »Perfektion ist ein Luxus, den man sich nur in den Ferien erlauben sollte«. Es häufen sich die Beschwerden von Kunden, daß zur Reparatur gegebene Geräte hinterher immer noch defekt gewesen seien oder einen anderen Schaden aufgewiesen hätten. Als eines Tages der Kopierer defekt ist, fühlt sich keiner dafür verantwortlich, den Schaden zu melden.

Da sich der schüchterne Fred in der Kundenberatung schwer tut, wenden sich die Kunden bei speziellen Problemen häufiger an die Geschäftsführer oder an andere Mitarbeiter der Firma. Genervt von der erneuten Zusatzbelastung durch Fred, zeigt bald niemand mehr Interesse an dem immer noch als »Neuen« betrachteten Kollegen. Immer öfter erkundigen sich die Geschäftsführer bei Fred nach dem Befinden der Mutter und fragen, ob ihr Gesundheitszustand sich nicht bessere.

Fred sieht sich in die Ecke gedrängt. Seine Arbeit hat mit seiner eigentlichen Ausbildung kaum noch etwas zu tun; ihm ist klar, daß er erst dann wieder verantwortungsvolle Aufgaben übernehmen darf, wenn seine Mutter wieder gesund ist. Er fühlt sich mit der Versetzung vom Wartungsdienst in die Kundenberatung zu Unrecht bestraft und degradiert, denn dafür, daß seine Mutter krank ist, kann er ja nichts. Für die emotionale Belastung durch die sich weiter verschlimmernde Krankheit seiner Mutter findet er bei den Kollegen keinen Rückhalt; die sind desinteressiert und laden ihn zu privaten Feiern gar nicht erst ein. Seine Angst vor der Arbeit wächst, zumal er sich in der Kundenberatung nicht sicher fühlt. Immer häufiger plagt ihn ein Magen-Darm-Katarrh, der ihn manchmal mitten aus einem Kundengespräch reißt. Nach schlaflosen Nächten meldet Fred sich immer öfter krank; zu Hause findet er jedoch auch keine Ruhe. Unter dem Druck der Mutter, die sich sorgt, daß ihrem Sohn gekündigt wird, überwindet er meist seine Ängste und geht widerwillig zur Arbeit. Heimlich beginnt er zu trinken.

Die Situation eskaliert ein halbes Jahr später, als sich ein Kunde beim Geschäftsführer über die Alkoholfahne Freds beschwert. Deswegen zur Rede gestellt, streitet Fred alles ab; am nächsten Tag fehlt er unentschuldigt. Eine Woche später liegt die fristlose Kündigung auf dem Tisch. Die Geschäftsführer verzichten darauf, die Einhaltung der Kündigungsfrist einzufordern. Fred taucht nie wieder in der Firma auf.

Ein Fallbeispiel, das zeigt, wie »Mobbing« funktioniert, wie es auch gegen den guten Willen der Geschäftsführer entstehen und sich entwickeln kann. Trotz guter Bezahlung und zunächst verständnisvoller Kolleginnen und Kollegen wird der talentierte Berufsanfänger Fred zum Mobbingopfer. Er wird von den Kollegen isoliert und schikaniert, nach Fehlern degradiert und findet für seine privaten Probleme keine Hilfe. Er ertränkt seinen Kummer und fällt aus dem sozialen Netz der Arbeit heraus. Das Unternehmen schleppt diesen »Sozialfall« noch eine Weile mit sich herum, bis er spurlos aus der betrieblichen Welt verschwindet. Ein tragisches Schicksal, das – wie Wissenschaftler herausgefunden haben – in Deutschland zum Alltag gehört.

Bevor wir die Ursachen analysieren, die hier zu einer Eskalation der Situation geführt haben, soll jedoch der finanzielle Aspekt von Mobbing genauer betrachtet werden. Denn Mobbing kommt einem Unternehmen teuer zu stehen.

Was kostet Mobbing?

Die Beobachtungen aus der Praxis zeigen, daß Mobbing fast immer zu psychosomatischen Streßsymptomen führt. Dazu gehören zum Beispiel Magenkatarrh, Schlafprobleme, Niedergeschlagenheit, Herzbeschwerden, Magen-Darm-Verstimmung, Rheuma, Migräne, Kreislaufstörungen, Asthmaanfälle etc.

Bei der durchschnittlichen Mobbingdauer von mehr als einem Jahr kommen so eine Vielzahl von Krankheitstagen zusammen. Je länger Mobbing dauert, umso länger werden die Ausfallzeiten. In der Spätphase von Mobbingfällen sind Depressionen, Aggressionen (auch gegen sich selbst) und Tabletten- und Alkoholmißbrauch häufig, oft besteht auch akute Suizidgefahr.

Die Kosten durch die Fehlzeiten, die Minderleistung der Arbeitsgruppe, in der die Konflikte eskalieren, und die Arbeitszeit von Vorgesetzten und Personalabteilungen, die mit dem Fall befaßt sind, summieren sich zu geschätzten Beträgen zwischen 30 000 und 100 000 DM pro Jahr und Person. Doch Mobbing ist nur die Spitze eines Eisberges. Der psychologische Kleinkrieg der Kollegen kann nur in einem Betriebsklima stattfinden, in dem Konflikte an der Tagesordnung sind. Nur wo schlechte Stimmung ohnehin zur Tagesordnung gehört, kann Mobbing nicht mehr auffallen – in Krisenbetrieben ist Kleinkrieg fast »normal«.

Bewegen sich gesamtwirtschaftlich betrachtet die jährlichen betrieblichen Zusatzkosten, die in Folge von Mobbing entstehen, in Millionenhöhe, so sind die Schäden noch weitaus größer, wenn das Mobbingumfeld mitgerechnet wird.

Kostenfaktor ungelöste Konflikte

Ein Konflikt, der nicht zu einem sachlichen Kompromiß führt, also ohne konstruktives Ergebnis bleibt, ist Zeit-und Energieverschwendung.

Wenn nur jeder zehnte Konflikt ergebnislos und unproduktiv ist und wir pro Konflikt eine Dauer von durchschnittlich fünf Minuten veranschlagen, dann sind das vier Millionen Stunden Arbeitszeit (ca. zwei Promille der Jahresarbeitszeit in Deutschland insgesamt), die pro Jahr unnütz vergeudet werden. Der Schaden ist jedoch in der Tat noch viel höher. Hinzu kommen Kosten für die Folgeschäden eines ungelösten Konfliktes. Stichwort: schlechtes Betriebsklima.

Das Betriebsklima nehmen alle Mitarbeiter und Mitarbeiterinnen ernst. Gibt es Mobbing im Betrieb, sind die Beschäftigten in ihrer psychosozialen Befindlichkeit verunsichert.

Und das hat schwerwiegendere Folgen nicht nur für die Betroffenen, sondern für alle. Es bedeutet geringere Leistungsmotivation der Mitarbeiter und damit steigende Produktionskosten durch:

- schlechtere Produktqualität
- geringere Arbeitsproduktivität
- mangelnde Pflege von Betriebsmitteln

sowie steigende indirekte Lohnkosten durch:

- eingeschränkte Einsatzmöglichkeiten der Mitarbeiter
- Kosten durch Fehlzeiten
- geringere Flexibilität der Mitarbeiter gegenüber Veränderungen und Innovationen
- höhere Mitarbeiter-Fluktation durch häufige Kündigung.

Was heißt das im einzelnen?

Kostenfaktor Leistungsmotivation

Die Qualität der Mitarbeiter, ihre Identifikation mit dem Unternehmen, ihre Motivation und ihre Kreativität ist Voraussetzung für Innovationen und Erfolg. Unternehmen, die zweistellige Milliardenbeträge für die Qualifikation ihrer Mitarbeiter aufbringen, aber nicht auch in das Betriebsklima investieren, verschwenden ihr Geld: Denn Mitarbeiter, die nicht motiviert sind, haben auch keinen Elan, ihre neu erworbenen Fähigkeiten anzuwenden.

Mobbing verursacht nicht nur Motivationsstörungen beim Betroffenen, sondern auch im ganzen Mobbingumfeld. Der kollegiale Kleinkrieg lenkt die Aufmerksamkeit von der Arbeitsaufgabe ab und auf die sozialen Bedingungen um. Die entstehenden Fehlzeiten und die daraus resultierende Mehrbelastung der Arbeitnehmenden führt zu erheblichem Motivationsverlust.

> Auch im Fallbeispiel aus der Computerfirma zeigt sich der Motivationsverlust durch die Mehrbelastung. Gerade das schützende Verhalten der Geschäftsführer gegenüber dem Mobbingopfer bewirkt Demotivation bei den anderen, die diese »Ungerechtigkeit« nicht verstehen. Nach dem Motto: »Was der nicht muß, muß ich auch nicht«, erlauben sich die mobbenden Kollegen immer mehr Undiszipliniertheiten wie z.B. längere Pausen.

Kostenfaktor Produktqualität (qualitativ)

Fehlerursachenanalysen zeigen, daß die Mehrzahl der Fehler nicht am Produkt, sondern zu 70 Prozent in der Abwicklung entstehen.

Schlechtes Betriebsklima wirkt sich auf die emotionale und damit auch geistige Befindlichkeit eines Mitarbeiters aus; es verursacht Konzentrationsstörungen bei den Mitarbeitern, die dadurch höhere Fehlerquoten verursachen

Die Sicherstellung von Qualität muß somit über die reine Qualitätskontrolle hinausgehen und die Produktionsbedingungen – also das gesamte technische und soziale System – miteinbeziehen.

Ein gutes Betriebsklima steigert das Interesse an einer zufriedenstellenden Leistung, über die sich positive Anerkennung finden läßt. Bei einem schlechten Betriebsklima zwingen die emotionalen Streßfaktoren zu reaktivem und defensivem Verhalten, um die eigene Persönlichkeit zu schützen. Das gilt nicht nur für die Gemobbten, sondern auch für die Mobbenden, die sich durch den ständig schwelenden ungelösten Konflikt ebenfalls permanent bedroht fühlen.

Die Beschwerden der Kunden im Fallbeispiel über nicht ausgeführte Reparaturen sind ein deutliches Anzeichen für die mangelnde Leistungsqualität der Mitarbeiter, die sich nicht durch mangelnde Qualifikation erklären läßt.

Im Toiletten-Graffiti »Perfektion ist ein Luxus, ...« spiegelt sich der gesunkene Anspruch an die eigene Arbeit. Zu Perfektion ist keiner mehr gewillt.

Kostenfaktor Arbeitsproduktivität (quantitativ)

Team- und Gruppenarbeit sowie abgeschlossene Arbeitsabläufe haben sich in Qualität und Quantität als erfolgreicher und effizienter erwiesen als Arbeitsteilung und Spezialistentum.

Zergliederte Fließbandarbeit ohne Entscheidungsspielraum erbringt nur ca. 71 Prozent der als optimal gesetzten Produktionsleistung, während sinnvoll zusammengefaßte Arbeitsaufgaben mit großem Entscheidungsspielraum den qualitativ und quantitativ höchsten Produktionsanteil (also die meisten qualitätsgerechten Produkte pro Stunde) hervorrufen – nämlich ca. 110 Prozent der als optimal gesetzten Produktivität.

Die Gruppenarbeit ist aber natürlich sofort weniger erfolgreich, wenn sich statt Teamgeist und kollegialer Solidarität der gruppendynamische Beziehungsstreß entwickelt. Es reicht, wenn sich nur zwei in der Gruppe »bekriegen«; das System der Gruppe ist gestört und die Leistungsfähigkeit geschwächt. Die einzelnen

Mitglieder des Teams werden in dem Zweierkonflikt nach und nach Position beziehen. Mit dem Ergebnis, daß entweder einer der Streithähne – als Mobbingopfer – die Gruppe und leider meist auch den Betrieb verläßt oder die Gruppe sich in zwei Fraktionen spaltet, die sich dauerhaft und stabil im Kampf gegeneinander befinden.

Die Quantität der Arbeit läßt auch in unserer Computerfirma aus dem Fallbeispiel nach: Es wird bereitwillig auf Fred als volle Leistungskraft verzichtet. Wenngleich sich zunächst der Leistungsabfall durch das zusätzliche Engagement und die Überstunden der Mitarbeiter auffangen läßt, so ist dauerhaft ein Leistungsverlust festzustellen, der sich vorwiegend auf die Arbeitsqualität auswirkt.

Kostenfaktor Pflege von Betriebsmitteln

Aufgrund der fehlenden Identifikation mit dem Unternehmen mangelt es auch an Verantwortungsgefühl für die zum Unternehmen gehörenden Betriebsmittel. Maschinen und technische Einrichtungen werden nicht mehr gewartet, defekte Geräte nicht mehr gemeldet oder repariert, Einrichtungsgegenstände nicht geschont oder gar nicht erst ordnungsgemäß bedient. Diebstähle nehmen zu.

Dieses Desinteresse an den Betriebsmitteln führt im Extremfall sogar zu gezielten Sabotageakten: In manchen Mobbingfällen werden – als Mobbingattacke – Arbeitsgeräte der Kollegen manipuliert, um sie zu schädigen oder zu gefährden.

Im Fallbeispiel führt der Motivationsverlust der Mitarbeiter nicht nur bei Fred, sondern auch bei allen anderen zu Desinteresse an den Betriebsmitteln. Für den defekten Kopierer fühlt sich niemand verantwortlich und niemand hält es für seine Aufgabe, sich um eine Reparatur des Schadens zu kümmern.

Kostenfaktor Einsatzmöglichkeiten der Mitarbeiter

Ein Betrieb ohne Fehlzeiten ist Utopie. Deshalb müssen Unternehmen auf die flexible Einsatzfähigkeit ihrer Mitarbeiter bauen können. Denn die Arbeit des fehlenden Mitarbeiters soll ja möglichst hundertprozentig durch andere Mitarbeiter ersetzt werden können. Doch wie motiviert sind Beschäftigte zum flexiblen Arbeitseinsatz zu bewegen, wenn der fehlende Kollege aus einer gestörten Arbeitsgruppe stammt? Wer begibt sich schon gerne mitten in den Krisenherd?

Ähnliche Schwierigkeiten wird ein ehemals Gemobbter machen, wenn er an seinen alten Arbeitsplatz zurückkehren soll. Wer einmal in den Mobbingmühlen steckt, wird möglichst alle Arbeitsgebiete und Betriebsorte meiden, in denen er gemobbt werden könnte. Mobbing schränkt die Einsatzmöglichkeiten Gemobbter ein. Wo innerbetrieblicher Kleinkrieg herrscht, wird jeder seine relativ sichere Position so wenig wie möglich verändern wollen.

In Freds Beispiel zeigen zunächst alle Mitarbeiter die nötige Flexibilität in der Arbeitseinteilung; aber als sich die Ausnahmesituation zu einem Dauerzustand auswächst, sinkt die Bereitschaft, Aufgaben zu übernehmen, die nicht in der eigenen Stellenbeschreibung erfaßt sind. Die Kolleginnen und Kollegen akzeptieren die Kundenrückfragen aufgrund Freds unsicherer Beratungsgespräche nicht mehr als ihre Aufgabe.

Kostenfaktor Fehlzeiten

Die Fehlzeitenquote hat in den deutschen Unternehmen drastische Formen angenommen. Meinungsumfragen zufolge blieben 1990 die werktätigen Bundesbürger im Schnitt an 8,5 von 100 Arbeitstagen zuhause. Die Kosten für die direkte Lohnfortzahlung schätzt das Institut der deutschen Wirtschaft auf 45 Milliarden DM in einem Jahr, wobei die indirekten Kosten wie z.B. zusätzliche Einarbeitung, die durch den Ausfall eines Mitarbeiters im Produktionsprozeß entstehen, diesen Betrag um etwa 70 bis 100 Prozent erhöhen. Fehlzeiten sind ein menschliches und wirtschaftliches Problem.

Ein deutscher Automobilhersteller errechnete für einen norddeutschen Standort mit 2000 Beschäftigten eine Kostenreduzierung um 1 Mio. DM, wenn sich der Krankenstand von 11,5% um nur einen Prozentpunkt verringern ließe (Handelsblatt, 6.12.89).

Die Bundesvereinigung für Gesundheitserziehung hat dargelegt, daß die Senkung des Krankenstandes um ein Prozent je tausend Beschäftigte etwa 400000 DM an Personalausgaben einspart.

In diversen Umfragen nennen die meisten Befragten für das Fernbleiben von ihrem Arbeitsplatz Spannungen mit den Kollegen und Führungskräften.

Die klassischen Berufskrankheiten wurden von Leiden abgelöst, deren Ursachen in einem komplexen Wirkungsfeld zu suchen sind. Die Forschung spricht von wachsenden Unschärfen zwischen Gesundheit und Krankheit, Störungen, die noch nicht Krankheit sind, doch Betroffene zwingen, sich mit einem Attest den Job für eine Weile vom Leib zu halten. Die Sozial- und arbeitsmedizinische Akademie Baden-Württemberg beobachtet einen sprunghaften Anstieg psychosomatischer Erkrankungen.

Die Wirtschaft steht vor wachsenden Schwierigkeiten im Umgang mit diesem Phänomen. Befindlichkeitsstörungen und psychosomatische Unpäßlichkeiten führen zu hohen Krankenständen und begünstigen eine ungesunde Fluktuation. Die Mitarbeiter leisten qualitativ und quantitativ schlechtere Arbeiten.

Während des Mobbingverlaufs im Beispiel Computerfirma sind die Fehlzeiten des gemobbten Fred der auffälligste Kostenfaktor. In den von den anderen eigenmächtig verlängerten Arbeitspausen verstecken sich aber auch heimliche »Fehlzeiten«, die in ihrer Summe zu Buche schlagen.

Kostenfaktor Flexibilität der Mitarbeiter

Steigende Verbraucheransprüche verlangen von Unternehmen immer häufiger Veränderungen und Innovationen. Wenn die Firmenleitung flexibel auf den Markt reagieren will, muß sie sich darauf verlassen können, daß die Beschäftigten bereit und in der Lage sind, die Entscheidungen umzusetzen.

Eigenschaften wie Flexibilität, Spontanität und Lernfähigkeit sind zu wichtigen Schlüsselqualifikationen von Arbeitnehmenden geworden. Gerade in Umrüstungsphasen tauchen immer wieder unvorhergesehene Situationen auf. Kundenorientierte Unternehmensleitungen sind auf den Good Will ihrer Mitarbeiter angewiesen. Doch was passiert, wenn in einzelnen Abteilungen Kleinkrieg herrscht? Jemand, der sich von seinen Kollegen bedrängt fühlt, kann nicht mehr flexibel sein. Menschen in psychischen Streßsituationen sind unfähig, Neues zu lernen und es spontan umzusetzen.

Mobbing und schlechtes Betriebsklima verhindern die rasche Umsetzung von Firmenentscheidungen, blockieren Lernfähigkeit und Spontanität und damit marktrelevante Innovationen.

> Solange der Computer-Betrieb die gewohnte Arbeitsleistung verlangte, waren alle Mitarbeiter zu innovativem Handeln bereit und motiviert. Ein neuer Kunde war der Beweis der eigenen Leistungsfähigkeit. Doch in der betrieblichen Ausnahmesituation ist ein neuer Großkunde nur noch zusätzliche Belastung und wird eher widerwillig akzeptiert. Aus leistungswilligen Mitarbeitern sind reagierende, inflexible Angestellte geworden, die höchstens »Dienst nach Vorschrift« machen.

Kostenfaktor Kündigung

Gute Mitarbeiter, die sich wegen ihrer Leistungsfähigkeit und Qualifikationen einen Arbeitsplatz unter mehreren Angeboten aussuchen können, werden sich – zusätzlich zu den traditionellen

Faktoren wie Gehalt und Arbeitszeit – auch davon leiten lassen, welche Mitwirkungsmöglichkeiten, welche Möglichkeiten zu fachlicher, methodischer und sozialer Qualifikation bei der Arbeit oder welche Qualität der Zusammenarbeit innerhalb oder zwischen Abteilungen bestehen.

Schlechtes Betriebsklima und Mobbing sind immer wieder Anlaß zur Kündigung häufig schwer zu ersetzender Mitarbeiter. Die Folge sind erhebliche Kosten durch Personalsuche und produktionsschwache Einarbeitungszeiten neuer Mitarbeiter. Starke Fluktuation von Mitarbeitern bedeutet auch Imageverlust. Gute Arbeitskräfte werden sich gar nicht mehr bewerben (Abb. 1).

Abbildung 1: Auswirkungen von Mobbing auf den Betrieb

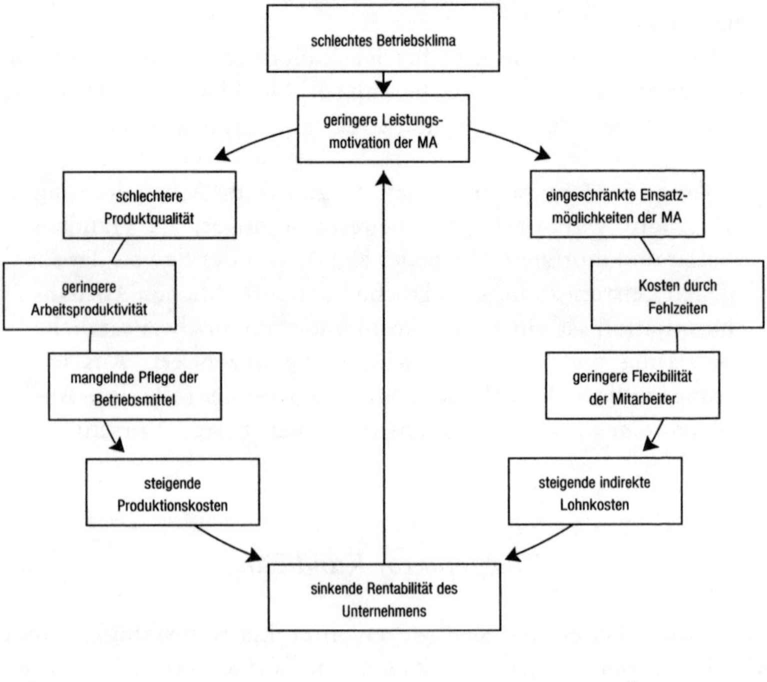

Über lange Zeit wurde der eigentlich hoch qualifizierte Fred in seiner Firma gehalten, obwohl er keine entsprechende Leistung brachte. Die Kündigung schließlich wurde fast mit Erleichterung aufgenommen. Doch eine neue Stellenausschreibung, zeitaufwendige Bewerbungsgespräche und die erneute Einarbeitungszeit eines neuen Mitarbeiters verursachen hohe Kosten.

Maßnahmen gegen Mobbing sind eine Frage der Wirtschaftlichkeit. Als Ausdruck eines schlechten Betriebsklimas ist Mobbing ein wichtiges Alarmzeichen für einen Unternehmer, der effizient wirtschaften will. Wer glaubt, sich den einen oder anderen Mobbingfall »leisten« zu können, der irrt.

Die Folgekosten von Mobbing sind ein Faktor. Die größten Schäden für einen Betrieb entstehen aber durch die Ursachen, die schlechtes Betriebsklima und Mobbing hervorrufen.

Mobbing – wie geht das?

Fallbeispiel Schmuckabteilung

In der Schmuckabteilung eines Kaufhauses arbeiten drei Verkäuferinnen. Die Lage ist ideal. Vor allem in der Mittagszeit kommen aus den benachbarten Büros zahlreiche Kunden und Kundinnen, die größtenteils ausführlich beraten werden wollen. Durch die eigenen zeitlich versetzten Mittagspausen sind die drei Verkäuferinnen aber gerade in der hektischen Mittagszeit in wechselnder Besetzung nur zu zweit. Verkäuferin Karla ist eine freundliche und kundenbezogene Arbeitskraft, die sich den Wünschen der Kunden entsprechend Zeit für ausführliche Beratungsgespräche nimmt. Die beiden Kolleginnen Petra und Sabine sind schnelle und betriebsbezogene Arbeitskräfte, die rasch und effektiv ihre Kunden bedienen und die verkaufte Ware kassieren.

Petra und Sabine haben ihre Arbeit in einer Art Schichtdienst organisiert. Statt beide von 8.30 bis 19 Uhr mit langer eineinhalbstündiger Mittagspause im Laden zu stehen, wechseln sie sich mit überschneidenden Arbeitszeiten (8.30–18.00 Uhr und 9.30–19.00 Uhr mit halbstündiger Pause) ab. Dieses System hat für sie mehrere Vorteile: In der Mittagszeit müssen sie nur eine Stunde lang ohne die andere auskommen; und durch den Schichtdienst gewinnen sie morgens bzw. abends eine Stunde Freizeit. Durch ihren ähnlichen Arbeitsstil sind sie sich sehr vertraut und übernehmen gerne

Aufgaben der anderen. Der Schichtwechsel wird freundschaftlich nach den privaten Interessen geregelt.

Karla ist alleinerziehende Mutter und an dem »Schichtdienst« ebenfalls beteiligt. Sie macht allerdings grundsätzlich Frühdienst, denn so gewinnt sie abends Zeit für ihre Tochter.

Die Abteilungsleiterin kümmert sich um die Buchhaltung und den Einkauf und legt großen Wert darauf, daß ihre Angestellten eigenständig und unkontrolliert arbeiten. Anhand einer Code-Nummer im Kassensystem kann sie jedoch genau die Umsatzzahlen nachvollziehen. Sabine und Petra schätzt sie aufgrund ihrer hohen Umsätze. Die geringeren Umsätze Karlas entschuldigt sie durch deren Beliebtheit bei den Kunden.

Was passiert:

Die Abteilung soll vielleicht wegen mangelnden Umsatzes geschlossen werden. Als die Abteilungsleiterin ihren Angestellten diese Nachricht bringt, gerät die bis dahin stabile Situation ins Wanken.

Sabine und Petra fühlen sich in die Enge gedrängt und sehen jeweils ihren Arbeitsplatz gefährdet. Die Schuld an dem schlechten finanziellen Zustand der Abteilung finden sie bei Karla, die ihre Zeit damit »verschwende«, mit den Kunden zu »quatschen«, statt zu verkaufen. »Wir machen hier die Arbeit und die macht sich beliebt bei den Kunden!« Plötzlich taucht auch andere Kritik an Karla auf:

»Nur weil die ein Kind hat und den Mann vergrault hat, kriegt sie immer Frühdienst.«

»Die tut doch nur deshalb so freundlich bei den Kunden, weil die auf der Suche nach 'nem neuen Vater für ihr Kind ist.«

Gegenüber Kunden machen Sabine und Petra Andeutungen über angeblich fehlende Sachkompetenz von Karla. Bei der abendlichen Abrechnung betonen sie der Chefin gegenüber die Umsatz-Differenzen. Karla gegenüber werden sie schnippisch, desinteressiert und fragen in sarkastisch künstlichem Ton nach dem Wohlbefinden des Kindes. Karla zieht sich nach anfänglichen Rechtfertigungsversuchen mehr und mehr von den beiden Kolleginnen zurück.

Die Chefin begegnet ihr immer noch gelegentlich mit anerkennenden Worten für ihren Umgang mit den Kunden, aber meist zeigt sie eine sorgenvolle Miene wegen des fehlenden Umsatzes. Als Karlas Kind wirklich krank wird und sie einige Tage frei nehmen muß, hört sie von ihren Kolleginnen:

»Die Arbeit müssen wir ja sowieso immer machen.« »Wenn Du zu Deinem Mann so nett gewesen wärst wie Du hier mit den Kunden immer tust, wäre er Dir bestimmt nicht weglaufen. Jetzt müssen wir Deine Fehlzeiten hier ausbaden.«

Die Sätze zeigen Wirkung. Karla zweifelt an ihren verkäuferischen Fähigkeiten; sie sieht sich in ihrer Rolle als Frau verletzt und als Mutter in Frage gestellt. Die Doppelbelastung von Beruf und Familie wächst ihr über den Kopf. Migräneanfälle häufen sich, zudem klagt sie über Schlaflosigkeit. Schließlich läßt sie sich für sechs Wochen krank schreiben und fährt zur Kur.

Mit neuen Kräften kommt sie zurück an den Arbeitsplatz. Dort wird sie von Sabine und Petra, die für diese lange Krankheitszeit eine Urlaubssperre erhalten hatten, genervt begrüßt:

»Was hast Du denn die sechs Wochen mit Deinem Töchterchen gemacht? Wenn Madame sich einen Kurschatten suchen geht, dann kann das Kind plötzlich alleine bleiben?«

»Kündige doch lieber, dann können wir uns eine engagierte und arbeitsfähige Kollegin suchen.«

Auf dem Dienstplan findet sie sich für die Nachmittagsschicht eingetragen. Als sie zur Chefin geht, um mit ihr das Verhalten der Kolleginnen zu besprechen und den Dienstplan zu ändern, zuckt die nur mit den Achseln.

Karla gibt den Widerstand auf und versucht in der Nachmittagszeit ihr Kind bei Freunden unterzubringen. Doch auch die Freunde reagieren nach einiger Zeit genervt.

Karlas Tochter leidet an chronischer Neurodermitis und braucht besondere Zuwendung. Die schulischen Leistungen verschlechtern sich, das Kind quengelt und ist wehleidig. Karla müßte sich eigentlich mehr um ihre Tochter kümmern.

Den kritischen Bemerkungen von Sabine und Petra weiß sie jetzt nichts mehr entgegenzusetzen: Sie glaubt, alles in ihrem Leben falsch gemacht zu haben. Als Rabenmutter, schwache Arbeitskraft und egoistische Frau stigmatisiert, fällt sie in Depressionen. Sie wird langfristig krankgeschrieben, schließlich kündigt sie und geht freiwillig in die Arbeitslosigkeit.

Ein typischer Mobbing-Fall. Sabine und Petra gängeln und »kränken« ihre Kollegin Karla, sie verletzen sie und machen sie krank, weil Karla aufgrund ihres anderen Verkaufsverhaltens und ihrer privaten Zeitvorgaben sich nicht den Gruppenansprüchen anpassen kann.

Mobbing aus der Sicht der Wissenschaft

Der schwedische Psychologe und Psychiater Heinz Leymann hat sich über Jahre mit dem Phänomen des »Psychoterrors am Arbeitsplatz« beschäftigt. Er hat für Mobbing folgende wissenschaftliche Definition gefunden:

Mobbing besteht aus systematischen Angriffen, die sehr oft (mindestens einmal die Woche) und über lange Zeit (mindestens 1/2 Jahr) ausgeübt werden. Die Angriffsformen bestehen aus einem Katalog von 45 Handlungen. Sie lassen sich in drei Themenbereiche zusammenfassen:

die Kommunikation einschränken: nicht mehr mit jemandem sprechen oder die Kommunikation übertreiben (schreien, brüllen), ständige Kritik an Arbeit und/oder Privatleben, nur noch schriftlich mit jemandem kommunizieren;

das Ansehen angreifen: schlecht über jemanden reden, verleugnen, Gerüchte verbreiten, sich lustig machen, das Urteilungsvermögen in Frage stellen, Rufmord, sexuell belästigen;

die Arbeitsaufgabe manipulieren: kränkende Aufgaben, gefährliche Aufgaben, unlösbare Aufgaben, sinnlose Aufgaben, gar keine Aufgaben.

Die drei Elemente der Definition – die Absicht (strategisch), die Häufigkeit (mindestens einmal die Woche) und die Dauer (mindestens ein halbes Jahr) – helfen, statistische Daten zu sammeln. Sie sind wichtig, um quantitative Messungen durchzuführen, wieviele Menschen Mobbing schon zum Opfer gefallen sind.

Die wissenschaftliche Definition gibt einem behandelnden Arzt oder Therapeuten objektive Kriterien an die Hand, um ein Mobbingopfer von einem aus anderen Gründen psychisch oder physisch Erkrankten zu unterscheiden. Diese Unterscheidung ist bei der Behandlung psychosomatischer Erkrankungen sehr wichtig, da sonst nur die Symptome, nicht aber die Ursachen kuriert werden. Wenn also ein Arzt auf einen Patienten trifft, der über Kopfschmerzen, Schlafstörungen, Störungen des vegetativen Systems oder andere unspezifische Krankheiten klagt, ist es für ihn hilfreich, mit einem objektiven Fragenkatalog den Patienten nach möglichen Ursachen der Erkrankung befragen zu können. Dazu gehören dann nicht nur die Fragen nach Lebens- und Ernährungsgewohnheiten, sondern auch die psychosoziale Situation am Arbeitsplatz. Krankenkassen, Ärzte und Psychologen können darum gleichermaßen mit der wissenschaftlichen Mobbing-Definition arbeiten und Mobbingopfer erfolgreich diagnostizieren.

In der betrieblichen Praxis und beim Versuch, Mobbing zu bekämpfen, zeigen sich jedoch diverse Probleme.

Mobbing aus der Sicht der Unternehmenspraxis

Nach den schwedischen Untersuchungen hat sich ein Mittelwert für die Mobbingdauer von 1 1/4 Jahren ergeben. Die durchschnittliche Mobbingzeit ist also fast dreimal so lang wie definitorisch festgelegt.

Es gibt zahlreiche Fälle von psychischem Terror im Betrieb, die in viel kürzerer Zeit eskalieren. Auch wenn jemand nur über einen oder zwei Monate intensivem Terror ausgesetzt ist, der ihn in die Krankheit, in die Arbeitslosigkeit, Frührente oder schlimmstenfalls zu einem Selbstmordversuch treibt, ist er ein Mobbingopfer.

Für Unternehmer, Personalleitungen, Betriebsräte oder Kollegen, die Mobbingfälle im eigenen Betrieb aufdecken möchten, ist das Kriterium »halbes Jahr« nur schwer anzuwenden: Soll man erst ein halbes Jahr zuschauen, wie jemand schickaniert wird, bis man den Mobber zur Rede stellen darf?

Und wann fängt Mobbing an? Zahlreiche Handlungen aus dem schwedischen Mobbing-Handlungskatalog sind nämlich zunächst recht unscheinbar und nicht gleich ein Beweis für Mobbing.

Das Kriterium »halbes Jahr« kann man erst erkennen, wenn das halbe Jahr schon vorbei ist. Dann ist es aber meist schon zu spät.

Auch die Handlungen können erst im Nachhinein als Mobbinghandlungen erkannt werden; rückwirkend verändert sich auch meist die Wahrnehmung. In der Erinnerung verschieben sich Handlungen und vor allem ihre Interpretation. Diese Tatsache zeigt sich in dem oft von Mobbingopfern formulierten Satz: »Erst heute begreife ich, was damals passiert ist«.

Zur Ursachenbekämpfung und zur aktuellen Diagnose von Mobbingfällen im Betrieb ist der Handlungskatalog und die damit verbundene Dauer deshalb nicht brauchbar.

Ein Unternehmer, der als Betriebswirt Mobbing erkennen will, und zwar möglichst bevor es zu spät ist, braucht andere Erkennungsmerkmale für das Phänomen »Mobbing« als die Dauer.

Die Praxis zeigt, daß beim Mobbing die Handlungen variiert werden: An einem Tag wird nicht gegrüßt, am anderen wird besonders frech gegrüßt, am dritten Tag ist es nicht das Grüßen, sondern eine unlösbare Arbeitsaufgabe, am vierten Tag wird ein nasser Schwamm auf den Stuhl gelegt usw.

Keine der Handlungen wird also regelmäßig ausgeführt, sondern gerade der Wechsel macht die Angriffe so »effektiv«, so unberechenbar und für einen Außenstehenden so gut wie unsichtbar. Auch hier gilt, daß erst im nachhinein den Betroffenen die Zusammenhänge zwischen den Angriffen und die Gleichheit der Handlungen bewußt werden. Häufigkeit wird also auch erst dann erkannt, wenn es für den Betrieb und den Arbeitnehmer zu spät ist, wenn der Gemobbte nämlich schon soweit gemobbt ist, daß er sich in Behandlung befindet.

Ärzte, Psychologen und Betroffene, die mit einem bestimmten Krankheitsbild konfrontiert sind, können zwar rückwirkend anhand des Fragebogens die Ursachen der Erkrankung analysieren und in Folge die Krankheitsursachen wirkungsvoll bekämpfen.

Einem Unternehmer nützt es aber nichts zu wissen, daß Mobbing aus immer wiederkehrenden Angriffen besteht. Denn in der betrieblichen Praxis ist es unmöglich, daß ein Unternehmer jeden einzelnen seiner Mitarbeiter daraufhin beobachtet, ob dieser eine oder mehrere von 45 Handlungen regelmäßig wiederholt und damit einen anderen terrorisiert.

Mobbing ist – laut wissenschaftlicher Definition – strategisch, also bösartig gemeint. Doch zu entscheiden, wie eine Handlung gemeint ist, kommt immer »darauf« an: Sehen wir uns an worauf.

Die vier Ebenen einer Nachricht

Ein Beispiel für Mißverständnisse:

Mitarbeiter Alfred wird von seinem Kollegen Werner einmal die Woche morgens nicht gegrüßt und das ein halbes Jahr lang. Ist das Mobbing?

Die beiden haben auf jeden Fall ein Kommunikationsproblem. Welche Botschaft sendet Werner aus, wenn er nicht grüßt? Was will er damit sagen? Welche Bedeutung verbirgt sich hinter dieser »Nicht-Kommunikation«? In welcher Beziehung steht er zu Alfred? Was verrät er über sich selbst? Was will er erreichen?

Die Fragen sind nicht ganz leicht zu beantworten, denn es gibt vier Ebenen einer Nachricht und damit reichlich Spielraum zur Interpretation.

Sachinhalt: Im Regelfall ist der Inhalt eines Gespräches auch dessen Anlaß. Der Sachinhalt bestimmt zu einem gewissen Grad auch die Art, wie das Gespräch geführt wird: Eine schlechte Nachricht wird anders übermittelt als die Veranstaltung eines Betriebsfestes. Nur Nachrichtensprecher im Fernsehen oder Radio bemühen sich um eine wertfreie Übermittlung der reinen Sachinformationen. Im zwischenmenschlichen Alltag geht es bei einer Botschaft sehr häufig um mehr als ihren rein informativen Sachinhalt.

> Grüßen ist eine ritualisierte Floskel, die nur noch wenig Sachinformation übermittelt. Der sachliche Informationswert von »Guten Morgen« signalisiert: a) es ist morgens; b) jemand *wünscht* dem anderen einen *guten* Morgen.

Beziehung: Wenn zwei Menschen miteinander reden, haben sie auch ein mehr oder weniger starkes emotionales Verhältnis zueinander. Der Beziehungsaspekt kennzeichnet, welches Verhältnis zwischen den Beteiligten besteht. Es wird vorwiegend mit nichtsprachlichen Signalen (Stimm-Modulation, Mimik, Gestik, Betonung etc.) und durch die Art der Formulierungen festgelegt.

Der Gesprächspartner achtet also nicht nur auf den Sachinhalt, sondern auch auf den Beziehungsaspekt; davon hängt ab, ob der Sprecher/Sender als sympathisch oder weniger sympathisch erlebt wird, die Gesprächsatmosphäre als angenehm oder weniger angenehm empfunden wird, die Antwort sicher oder weniger sicher, freundlich oder weniger freundlich, aggressiv oder defensiv usw. sein wird.

Aus den Gesprächsbeiträgen und dem Verhalten der Beteiligten wird Mosaikstein für Mosaikstein wechselseitig ein Bild über das emotionale Verhältnis zwischen den Gesprächspartnern zusammengestellt. Dieser subjektive Interpretationsvorgang kann natürlich nur individuelle und sogar zwei vollkommen verschiedene Ergebnisse bringen.

Sach- und Beziehungsaspekt sind untrennbar miteinander verbunden. Der Beziehungsaspekt wirkt sich immer auf die Kommunikation aus, entweder fördernd oder störend. Wer eine Sachinformation weitergibt, sendet immer auch Informationen über den

Beziehung aus. Sogar wer keine Sachinformationen weitergibt, sendet auf der Beziehungsebene (»Die Kollegin erzählt nichts über sich, ich glaube, die mag uns nicht!«). Man kann nicht *nicht* kommunizieren!

Bei der Begrüßung ist der Beziehungswert gering. Er betont vor allem das gegenseitige Wahrnehmen, Ernstnehmen und Anerkennen als Gesprächspartner/Kollege/Kunde o.ä.

Die Art des Grußes »Hallo« oder »Guten Morgen« gibt allenfalls Auskunft über den Grad der Förmlichkeit bzw. Vertrautheit im Umgang miteinander.

Selbstoffenbarung: Wenn eine Person etwas sagt, liefert sie gleichzeitig auch Informationen über sich selbst: Jede Nachricht ist auch eine Aussage des Sprechenden über sich selbst, über seine Bedürfnisse, Wünsche, Ängste, Sorgen, Kränkungen und Eitelkeiten. Selbst in scheinbar neutralen Aussagen (»Das Wetter ist schlecht«) steckt eine Selbstoffenbarung (»Regen mag ich nicht«).

Die Selbstoffenbarung bei Grüßen geht nicht sehr weit. Die Art des Grußes »Hallo«, »Hi« oder »Guten Morgen« verrät etwas über Alter bzw. soziale Herkunft des Grüßenden. In jedem Fall will der Grüßende sich als wohlerzogener, höflicher oder freundlicher Mensch zeigen.

Appell: Mit jeder Nachricht ist ein Ziel verbunden; der Gesprächspartner soll zu etwas veranlaßt werden. Das können häufig Kleinigkeiten sein, wie eine Information aufzunehmen (»Merk dir das!«), über etwas nachzudenken und Stellung zu beziehen (»Was meinst Du dazu?«), sich dem anderen zuzuwenden (»Hör mir zu!«), oder Gefühle zu zeigen (»Bewundere mich!«, »Fürchte mich!«, »Tröste mich!«).

Oft sind einfache, scheinbar sachliche Formulierungen (»Hier zieht's!«) als direkter Appell (»Jemand soll das Fenster zumachen.«) gemeint. Appelle können sprachlich und nichtsprachlich, direkt und indirekt vermittelt werden.

Wir sind in unsrer Gesellschaft so wenig daran gewöhnt, daß jemand seine Bedürfnisse deutlich als Wunsch an jemanden formuliert, daß wir dazu neigen, solche Appelle schnell herauszuhören – manchmal auch dort, wo es gar keine sind.

Selbst im Gruß verbirgt sich ein Appell: nämlich die Aufforderung, den Grüßenden wahrzunehmen und den Gruß zu erwidern.

In unserem Beispiel verweigert Werner das Ritual der Begrüßung, nicht grundsätzlich, doch immer wieder. Wie ist das zu deuten?

Mobbing – ja oder nein?

Es gibt dabei vier Varianten: Werner kann zwei verschiedene Botschaften aussenden wollen, und Alfred kann zwei verschiedene Botschaften verstehen.
Der Sachinhalt ist immer derselbe: Mitarbeiter Werner grüßt seinen Kollegen Alfred nicht.

Variante A + B

Beziehung
Werners Nichtgrüßen passiert tatsächlich mit bösartiger Absicht und mit dem Ziel, Alfred zu verletzen und zu demütigen.
Selbstoffenbarung
Werner ist kein Morgenmuffel; er kann Alfred nicht leiden.
Appell
Alfred soll aus dem Gesichtsfeld von Werner verschwinden – krank werden, kündigen (aggressiver Appell).

Ist das Mobbing?

Ja, wenn Alfred die Botschaften richtig versteht und als Mobbingangriffe deutet (Situation A, Abb. 2).
Nein, wenn Alfred die Botschaft falsch versteht, Werner für nett

Abbildung 2: Situation A

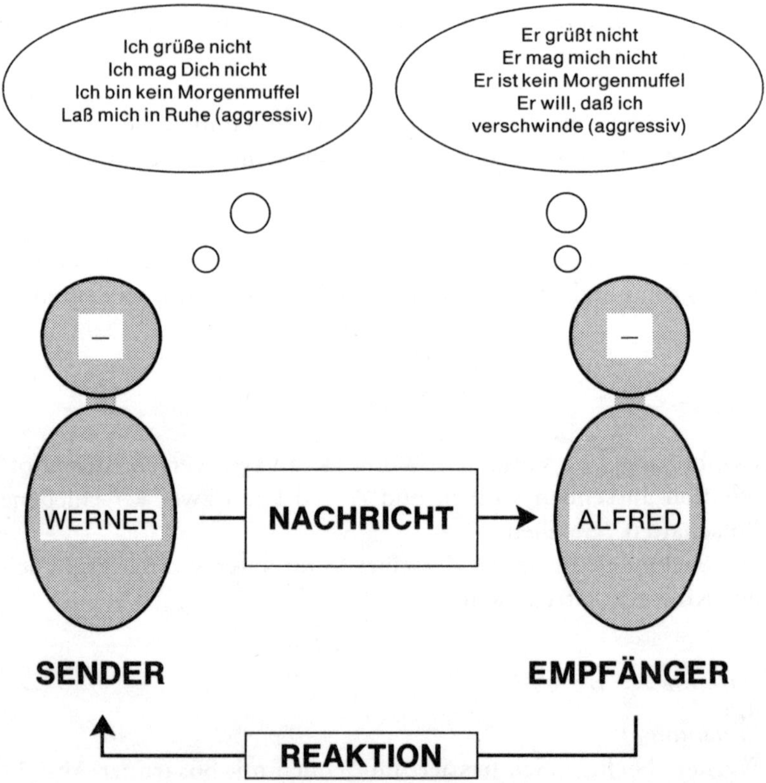

und lediglich für einen Morgenmuffel hält und durch das Verhalten von Werner gar nicht beeinträchtigt wird.

Dann ist es nicht Mobbing, sondern ein Fall von verbissener, sadistischer Bösartigkeit eines Menschen, der sich an seinem optimistischen und selbstbewußten Kollegen die Zähne ausbeißt (Situation B, Abb. 3).

Abbildung 3: Situation B

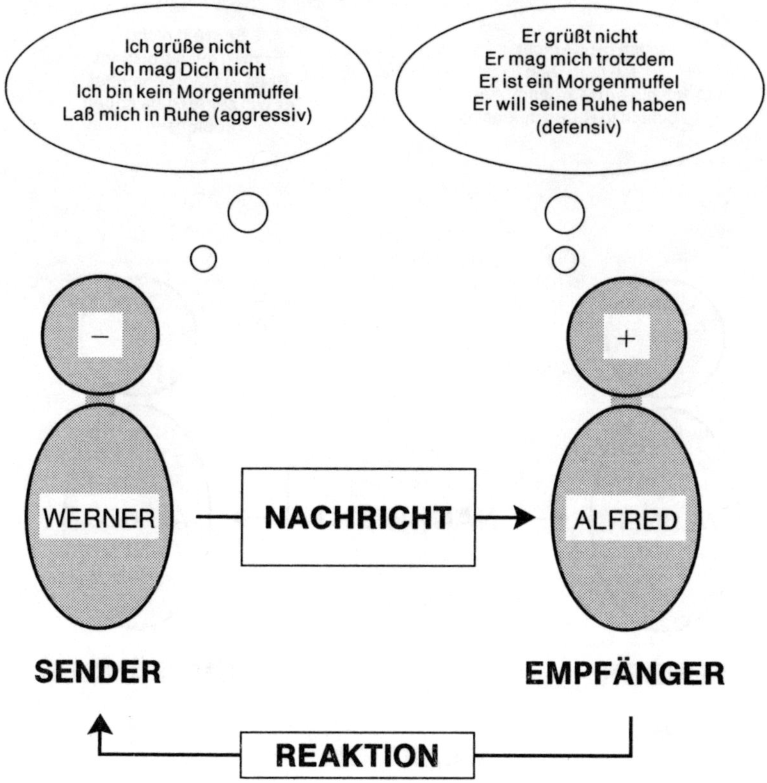

Variante C + D

Beziehung
Werners Nichtgrüßen passiert ohne bösartige Absicht. In seiner Morgenmuffeligkeit will er bloß zu niemandem eine »Beziehung« aufbauen.
Selbstoffenbarung
Werner mag Alfred.
Werner ist ein Morgenmuffel, der seine Ruhe haben will.

Abbildung 4: Situation C

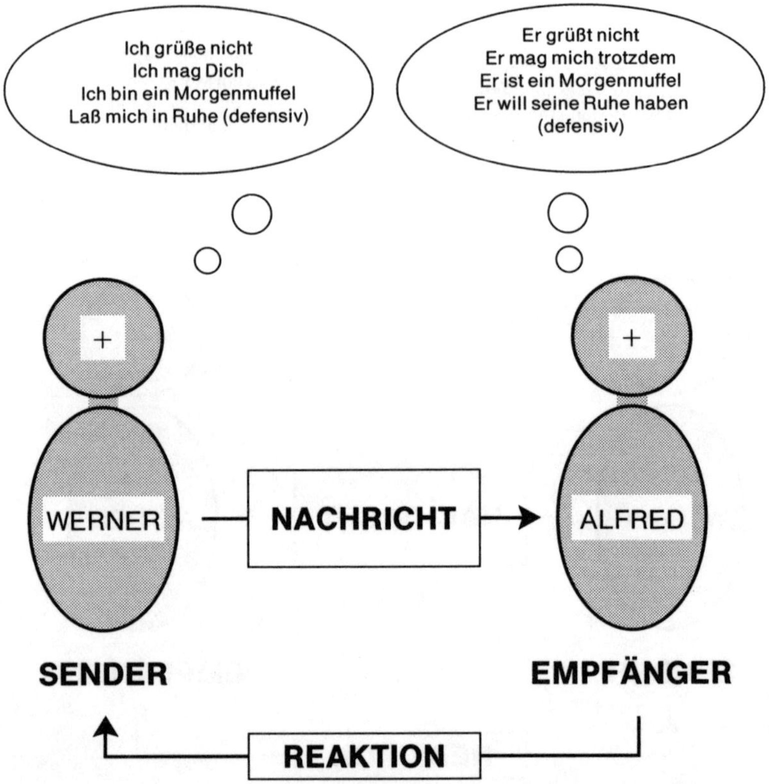

Appell
Alfred und die anderen Kollegen sollen Werner morgens in Ruhe lassen (defensiver Appell).

Ist das Mobbing?

Nein, wenn Alfred die Botschaften richtig versteht. Alfred wird sich dann durch Werners Handlung nicht gekränkt fühlen. Er könnte im Gegenteil sogar freundlich auf Werner zuge-

Abbildung 5: Situation D

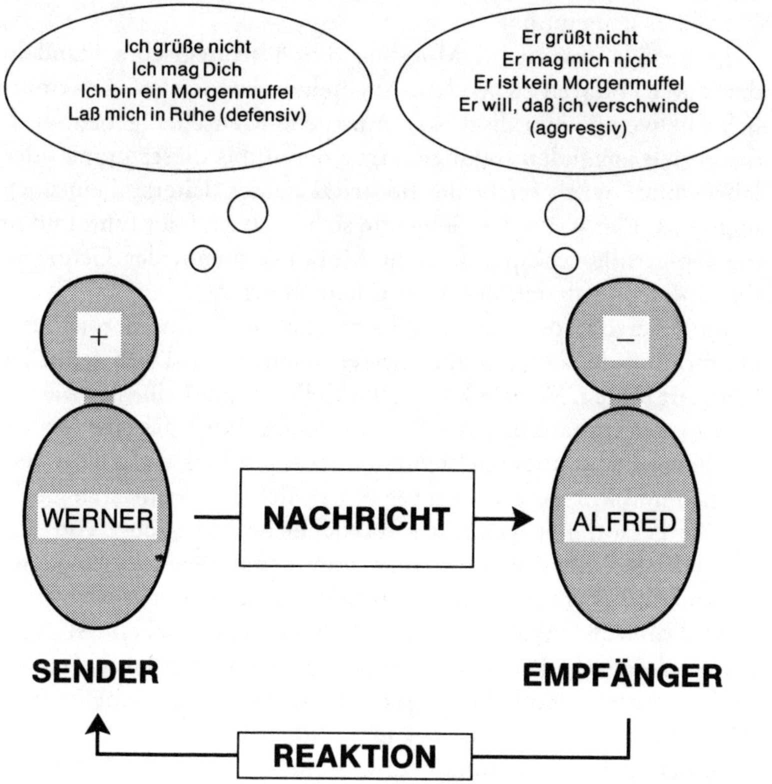

hen und mit einem netten charmanten Spruch auf diese kleine Schwäche Werners eingehen (Situation C, Abb. 4).
Ja, wenn Alfred die Botschaften falsch versteht und in dem Nicht-Grüßen Werners einen versteckten Angriff gegen seine Persönlichkeit deutet, und er daraufhin depressiv und krank wird (Situation D, Abb. 5).

Die vier Varianten zeigen, daß die Entstehung eines Konfliktes abhängiger von der Wahrnehmung des »Empfängers« als von der Absicht des »Senders« ist.

Alfred entscheidet, wie er das Nicht-Grüßen von Werner deutet: als Angriff oder als Schusseligkeit, unabhängig davon, wie Werner es gemeint hat.

Es genügt also nicht, Mobbing durch strategisches Handeln der Täter erklären zu wollen. Abgesehen davon, daß es vermutlich nur wenige moralisch so verdorbene Menschen geben wird, die gezielt jemanden so lange terrorisieren, bis dieser krank oder lebensmüde wird, reicht die Bösartigkeit des Täters allein noch nicht aus. Erst wenn der Gemeinte sich auch gemeint fühlt und in die Opferrolle schlüpft, beginnt Mobbing. Lehnt der Gemeinte die Opferrolle ab, hat der Angriff keinen Erfolg.

Eine Person, die wenig selbstbewußt und unsicher ist und glaubt, daß die anderen alles besser machen, wird sich schneller kritisiert fühlen. Sie hört Kritik, wo vielleicht gar keine ist (wie Alfred in den Situationen A + D). Als Sender wird dieselbe Person versuchen, dem anderen ebenfalls ein schlechtes Gefühl zu vermittlen und kritisieren, auch wo es gar nichts zu kritisieren gibt.

Eine Person hingegen, die selbstsicher und überzeugt von sich ist, wird bei allen anderen auch immer nur Bewunderung und Lob heraushören. Sie sucht nach Bestätigung dieser Ansicht und wird Kritik als Möglichkeit zur Verbesserung ansehen. Als Sender wird dieselbe Person dem anderen auch immer ein gutes Gefühl vermitteln und keine Kritik spüren lassen, wo keine ist (wie Werner in den Situationen C + D).

In der täglichen Kommunikation gibt es zahlreiche Fallen für Konflikte, die nur daraus bestehen, daß zwei Menschen auf verschiedenen Ebenene miteinander sprechen oder ein Unterschied zwischen gemeinter und verstandener Nachricht existiert. Deshalb sollte man, um die korrekte Nachrichtenübermittlung sicherzustellen, immer noch einmal zurückfragen oder mit einer »reflektierenden Aussage« das Verstandene wiederholen. Würde Alfred Werner darauf ansprechen: »Grüßt Du mich nicht, weil Du mich nicht magst oder weil Du morgens ein Muffelkopf bist?«, müßte Werner seine Botschaft verdeutlichen. Und dann wäre klar, ob er Alfred mobben will oder nicht. Wenn Mobbing so sehr von der Wahrnehmung der Gemobbten abhängt, welche Rolle spielt dann noch der Täter? Oder schärfer formuliert:

Sind die Opfer selbst schuld?

Bei den Opfern gibt es bestimmte soziale Voraussetzungen, die ihnen die Bewältigung der Angriffe erschweren:

Menschen, die bestimmten sozialen Streßbedingungen ausgesetzt sind, können sich gegen – egal ob bewußte, vorbewußte oder unbewußte – Aggressionen nur bedingt durchsetzen.

Die »Opfer« sind labile Menschen oder werden dazu gemacht. Auch beim Stärksten sind irgendwann die Kraftreserven erschöpft; wenn dann der Rückzugsraum fehlt, um sich zu regenerieren, beginnen die Angriffe stärkere Wirkung zu zeigen. Die typischen Mobbingangriffe richten sich gezielt gegen die Kraftressourcen der Opfer. Ohne Zweifel ist es so, daß die »Opfer« unter anderen Bedingungen nicht zu Opfern geworden wären. Erst im Laufe eines Mobbingprozesses nehmen sie die »Opferrolle« an. Sie sind genauso wie die »Täter« an dem Mobbingkonflikt beteiligt. Erst im Laufe der Konflikteskalation werden aufgrund der persönlichen Ressourcen die Rollen »Täter« oder »Opfer« verteilt.

Die Mobber sind nur die Umleitung des Mobbingeffektes, d.h. hätten sie weniger Ressourcen zur Verfügung, wären sie zu Opfern geworden. Aufgrund ihrer psychischen Stabilität gelingt es ihnen aber, die gegen sie gerichteten Aggressionen weiterzugeben.

Das Schlimme in diesem Kleinkrieg ist nicht die Bösartigkeit der »Täter«, sondern daß die Alltäglichkeit des üblichen unterschwelligen Konfliktverhaltens plötzlich einen einzelnen trifft. »Der wirklich Böse« wäre leicht zu ertragen, denn der ist zu allen böse. Wenn aber alles scheinbar in Ordnung ist und es alle als »in Ordnung« empfinden, sich aber trotzdem jemand schlecht fühlt, dann wird der die Schuld bei sich selbst suchen. Wer nicht genügend Ressourcen hat, der wird krank.

Eine praxisrelevante Definition von Mobbing

Mobbing bezeichnet Konflikte,

- bei denen alle nur verlieren.
- bei denen auf die Dauer einzelne Personen deutlich unterliegen. Und zwar nicht nur in Bezug auf diesen einen Konflikt, sondern mit ihrer ganzen Persönlichkeit.
- die nichts mehr mit der Suche nach einer Lösung, einem Kompromiß zu tun haben, sondern die nur um ihrer selbst willen geführt werden.
- die aus unsichtbaren, irrationalen Interessen geführt werden.
- bei denen Verhaltensweisen an den Tag gelegt werden, die alle Parteien grundsätzlich verurteilen und für die beide Seiten keine Verantwortung übernehmen.
- bei denen die Parteien sich gegenseitig für die Eskalation verantwortlich machen.
- bei denen ein sichtbarer Streitgrund, der rational zu lösen wäre, nicht oder nicht mehr erkennbar ist.
- bei denen alle Beteiligten eine rationale Auseinandersetzung ablehnen und auf der in ihren Augen berechtigten emotionalen Position bestehen.
- die sich durch beiderseitige Hilflosigkeit auszeichnen:

Helke, 38, Chefsekretärin:
»Mein Chef kam wenig später und fragte nach einem Kaffee. Dabei verhielt er sich so, als ob nichts vorgefallen wäre. Er merkte natürlich an meinem Verhalten und an meinem verweinten Gesicht, was los war, und sagte dann doch tatsächlich: Ich wollte Ihnen doch nichts Böses! Da habe ich mich zum ersten Mal gewehrt. Und ihm gesagt, wieviel Überstunden ich machte und daß ich großes Interesse an meiner Arbeit hätte. Und er solle aufhören, es an mir auszulassen, wenn er sich über andere ärgere. Zu meinem größten Erstaunen sagte er dann: Er fühle sich der ganzen Sache nicht gewachsen. Die anderen würden ihn an die Wand drücken und sich über ihn lustig machen, und er hätte das Gefühl, ich spiele da mit.«*

Mobbing»täter«, werden sie mit ihrem Mobbing»opfer« konfrontiert, erschrecken und bestreiten jede böse Absicht. Im Gegenteil, sie geben anderen die Schuld, verweisen auf Fehlverhalten des Gemobbten und sehen sich selbst als zu unrecht angeklagte »Opfer«.

Das ist keineswegs nur plumpes Rechtfertigungsverhalten. Sie haben wirklich keine gezielte Strategie, weil sie auch kein wirkliches Ziel haben, das sie strategisch anstreben könnten. Sie handeln aus ihrer Sicht »defensiv«, durchaus rational und mit guter Absicht. Sie verfügen über genügend Ressourcen, um auch eine lange Konfliktzeit zu überstehen.

Als aktiv Mobbende oder Mobber werden die Konfliktparteien bezeichnet,

- die bei der Abwägung verschiedener Verhaltensweisen die aggressive wählen.
- die in einer Mobbingsituation aktiv für eine ständige Fortführung und Eskalation des Konfliktes sorgen.
- die negative Konsequenzen für die anderen bewußt und aktiv in Kauf nehmen (»Der ist selbst schuld, daß wir ihn so behandeln.«).
- die negative Konsequenzen bewußt, aber nur passiv in Kauf nehmen (»Was soll ich denn tun? Das ist doch gar nicht böse gemeint; irgend jemand muß hier halt den kürzeren ziehen.«).
- die negative Konsequenzen nicht wahrnehmen (»Ich weiß gar nicht, was der hat.« – »Die soll sich mal nicht so empfindlich anstellen.«).
- die in der Regel kein Schuldbewußtsein zeigen.
- die nicht nur von ihrer Schuldlosigkeit überzeugt sind, sondern auch davon, daß sie Gutes tun.
- die selbst Schuldzuweisungen vorbringen und in der Regel der festen Überzeugung sind, sie hätten stets nur reagiert.

Die »Opfer«, »passiv Mobbenden« oder »Gemobbten«

Auch die »Gemobbten« betonen, »Opfer« zu sein. Sie beteuern ihre Wehr- und Machtlosigkeit, pochen auf die Bösartigkeit der Täter oder vertreten gar eine fatalistische Weltanschauung, nach der »alle irgendwie Opfer sind«. Sie negieren jede Möglichkeit, Konflikte zu bewältigen und resignieren vor jedem Veränderungsversuch. Sie verfügen nicht über ausreichende Ressourcen, um eine lange Konfliktzeit zu überstehen, und sind meist psychisch und/oder physisch erkrankt.

Als passiv Mobbende werden die Konfliktpartner bezeichnet,

- die die Symptome zeigen, die krank werden, fehlen, kündigen.
- die in einer Mobbingsituation in psychischen Streß geraten, psychosomatische Erscheinungen zeigen oder depressive, evtl. sogar suizidale Phasen erleiden.
- die sich durch Passivität in der eigenen Rollenbeschreibung auszeichnen (»Ich werde ausgeschlossen, darf nicht dabei sein«).
- die auf der einen Seite von ihrer Schuldlosigkeit überzeugt sind.
- die auf der andern Seite glauben, daß sie alles falsch machen.
- die wenig Selbstsicherheit zeigen, hilflos und unentschlossen sind.
- die jede Verantwortung für die Situation ablehnen oder sich mit destruktiven Selbstvorwürfen überschütten.

Laura, 48, Schriftstellerin:
»Sein Ton war ganz brutal. Er ließ alles raus, und ich hatte keine Chance mich zu wehren. Ich fühlte mich wie ein Kind, das seinen Eltern hilflos ausgeliefert ist, das keine Chance hat auch etwas richtigzustellen, weil seine Eltern gar nicht hören auf das, was es sagt.«*

* Alle im folgenden Text mit * versehenen Zitate stammen aus: Runge, Annelie: Angst am Arbeitsplatz, Stuttgart: 1990

Das Umfeld, die »Mit-Mobber« oder »mittelbar Mobbenden«

Als mittelbar Mobbende werden diejenigen im Konfliktumfeld bezeichnet,

- die scheinbar nicht in den Fall verwickelt sind, aber mit den Mobbenden (als Kollegin, Kollege, Untergebene, Vorgesetzte) in Kontakt stehen.
- die jede Verantwortung für das Mobbing ablehnen, aber sich als »Vermittelnde« zwischen den Mobbenden bezeichnen.
- die große Selbstsicherheit zeigen und entweder deutlich Partei beziehen oder mit der Angelegenheit gar nichts zu tun haben wollen.
- die oft die Schlüsselpersonen im tatsächlichen Konfliktfall sind.

Johannes, 47, Maschinenbaufertigungstechniker:
»Alle haben sich auf ihn eingeschossen. Er ist gewissermaßen der Buhmann. Dafür verdient er eine Menge Geld im Monat. Er ist so alt wie ich, und er wird genau wissen, was ihm blüht, wenn er diese Stelle nicht halten kann. Er wird froh sein, daß er sie hat. [...] Ich kriege auch mit, wie bewußt Sachen auf ihn abgewälzt werden, aber damit will ich nichts zu tun haben. Das habe ich meinen Kollegen auch gesagt. Schließlich hat der Mann ja auch Familie, und ich kann nicht stolz darauf sein, wenn ich an seiner Kündigung mitgewirkt habe. Er ist mir auch nicht unsympathisch. Bei mir spielt es natürlich eine Rolle, daß ich ihn regelrecht in der Hand habe, weil er so wenig weiß. Er kann mir nichts wollen. Er weiß, daß er von mir abhängig ist.«*

Wieso gibt es Konflikte und wie entstehen sie?

Fallbeispiel Versandhaus

In einem Versandhaus werden die von Kunden bestellten Artikel am Fließband in Pakete verpackt. Etwa zwanzig Mitarbeiterinnen stehen nebeneinander an Packtischen. Über ihnen treffen auf computergesteuerten Zubringerbändern die einzelnen Artikel in Schalen ein. Die eingetroffene Ware wird auf den Bestellzetteln abgehakt. Sind alle auf dem Bestellschein vermerkten Artikel eingetroffen, werden sie zusammen in ein Paket gepackt, das wiederum hinter den Mitarbeiterinnen auf einem Band in das Außenlager zu den LKWs transportiert wird. Die besten Mitarbeiterinnen zeichnen sich durch ihr hohes Maß an Konzentration und Geschick beim Verpacken aus. Bei der Kontrolle des Bestellzettels unterlaufen ihnen kaum Fehler, und ihre Pakete gehen beim Transport selten kaputt.

Vorarbeiter Jürgen positioniert deshalb die schnellen Arbeitskräfte am hinteren Teil des Bandes, wo die Pakete mit den meisten Artikeln gepackt werden müssen. An ihnen laufen auf dem Band alle von den Kolleginnen verpackten Pakete vorbei. Die langsameren und neuen Mitarbeiterinnen stehen weiter vorne, wo sie an kleinen Paketen mit wenigen Artikeln in Ruhe üben können. In ruhigeren Minuten werden kleine Zettelchen geschrieben, die auf dem Band an allen Kolleginnen vorbeigeschickt werden und durch ihren humorvollen Inhalt für allgemeine Belustigung sorgen.

Manchmal stellt auch eine Mitarbeiterin einen Teller mit Keksen oder Kuchen aufs Band, von dem sich dann jede etwas nehmen darf.

Beste Mitarbeiterin war bislang Elvira, die darum am Ende des Fließbandes steht. In letzter Zeit fällt auf, daß sie mehr Fehler macht und müde und abgespannt wirkt. Zudem kommt sie häufiger zu spät. Vorarbeiter Jürgen weiß, daß Elvira auf einer Abendschule das Abitur nachmacht. Er nimmt an, daß sie derzeit durch Prüfungen gestreßt ist, und versucht durch besonders freundliches Verhalten, seiner besten Mitarbeiterin Verständnis zu signalisieren. Die reagiert jedoch störrisch oder weicht ihm aus.

Elviras Leistungen werden schlechter, und die Artikelschalen auf ihrem Zulieferband stauen sich so sehr, daß Jürgen das Band immer häufiger abschalten muß. Schließlich sieht er sich gezwungen, Elvira an einen anderen, weiter vorne gelegenen Packtisch zu versetzen.

Doch auch hier ist Elvira überfordert. Die Fehlerquoten bleiben dieselben, manche Pakete zerreißen schon in der Lagerhalle. Jürgens Aufmunterungsversuche stoßen bei Elvira nur auf eine störrische Miene. Immer wenn er versucht, mit ihr ins Gespräch zu kommen, weicht sie ihm aus oder reagiert aggressiv. Neuerdings meldet sie sich auch häufiger mit Magenkrämpfen krank.

Eines Tages beobachtet Jürgen, wie ein auf dem Fließband mit den Paketen in Umlauf gebrachter Zettel, der offenbar eine lustige Bemerkung enthielt, von Elvira zerknüllt und hastig in die Hosentasche gesteckt wird. Durch dieses merkwürdige Verhalten aufmerksam geworden, sieht er sich die kursierenden Zettel etwas genauer an, was er bisher vermieden hat. Er entdeckt, daß die Kolleginnen über die »Musterschülerin« Elvira herziehen, die sich für »was Besseres« hält, weil sie jetzt »Appretur« macht. In gehässiger Weise wird durch Sprüche und kleine Zeichnungen ihr gesamtes Äußeres ins Lächerliche gezogen. Außerdem dichtet man ihr eine Liebschaft mit ihm an.

Der Leistungsabfall, die Fehler, die Krankmeldungen finden für Jürgen plötzlich eine plausible Erklärung. Und auch ihr abweisendes Verhalten gegen seinen freundlichen Führungsstil ist mit einem Mal verständlich.

Mobbing! Aus scheinbar reiner Bösartigkeit, aus Neid und Mißgunst fallen die Kolleginnen über die erfolgreiche Elvira her. Sie beleidigen ihre Art, lästern über ihr Aussehen und verunglimpfen ihr gutes Verhältnis zum Vorgesetzten. Doch was treibt die Fabrikarbeiterinnen zu dieser geschäfts- und persönlichkeitsschädigenden Niederträchtigkeit?

Es gibt zahlreiche berühmte Vertreter der Theorie, Aggression sei ein natürlicher Trieb und notwendig, um erfolgreich zu sein. Aggressionen und Gewalt im Alltag werden als bestes Mittel zum Siegen verherrlicht.

Aber es erstaunt doch sehr, daß ausgerechnet beim »Aggressionstrieb« sich viele Menschen wieder auf die Allmacht der Natur berufen, einer Instanz, der sie ansonsten wenig Vertrauen entgegenbringen. Im Zusammenleben werden »Triebe« selten verziehen. Bei Aggressionen jedoch zeigt die sonst so zivilisierte Gesellschaft unerwartet Toleranz und beruft sich auf einen vermeintlichen Biologismus.

Einen Konflikt als Folge von Aggressionsabbau zu betrachten, ist jedoch eine billige Rechtfertigung und leichtfertige Verharmlosung von physischer und/oder psychischer Gewalt: Es ist der Versuch, ein Verhalten zu entschuldigen, das diese Entschuldigung in keinster Weise verdient.

Denn der Mensch kommt auch gut, wenn nicht sogar besser ohne Aggressionen aus. So gibt es zahlreiche Untersuchungen die belegen, daß der Mensch in Konkurrenzsituationen und unter Leistungsdruck weniger leistungsfähig ist als in entspannter und teamorientierter Atmosphäre. Der »Trieb« zum Erfolg ist auch ohne Verlierer befriedigt: es genügen Anerkennung und Lob von Autoritäten.

Warum kommt es zu Aggressionen? Warum verhalten sich Menschen so wie sie sich verhalten?

Der Nutzen von Mobbing

Soziale Verhaltensformen können nur wirksam sein, wenn andere mitmachen. Aggression aber braucht für ihren Erfolg die bereitwillige Aufgeschlossenheit der anderen gerade nicht. Um eigene Vorteile zu erzielen, kann man verletzen und zerstören, ohne Rücksicht darauf, ob das Opfer damit einverstanden ist oder nicht. Die meisten aggressiven Verhaltensweisen dienen anderen Zielen als zu schädigen. Im Gegenteil, der Schaden wird eher nur in Kauf genommen.

Entscheidend für die Mobbinganalyse ist der Vorteil, den das aggressive Mobbingverhalten nach sich zieht oder nach sich ziehen soll.

Es gibt drei Erklärungsmuster für zwischenmenschliche Konflikte:

1. Die beteiligten Personen handeln ausschließlich zu ihrem eigenen Nutzen, d.h. sie beziehen bewußt die möglicherweise negativen Konsequenzen ihres Handelns nicht in ihr Entscheidungskalkül ein.

   Für Mobbing heißt das: Dem Mobber ist es egal, was seine Handlungen beim dem Gemobbten anrichten. Ein Mobber ist ein teamunfähiger und verantwortungsloser Angestellter, der in einem Betrieb viel Schaden anrichten kann.
2. Die beteiligten Personen kennen die möglichen negativen Konsequenzen ihrer Handlung für andere nicht und können sie darum gar nicht in ihr Entscheidungskalkül einbeziehen.

   Für Mobbing heißt das: Der Mobber weiß gar nicht, was er anrichtet. Mit den wahren Folgen seiner Handlung konfrontiert, erschreckt er und bereut seine Handlung, d.h. unter gleichen Gegebenheiten würde er nun eine andere Entscheidung fällen. Dies zeigt sich in vielen Fällen und scheint auch meistens nicht als Ausrede gemeint zu sein.

   In einem solchen Fall reicht es, die Konsequenzen der Handlung, nämlich die Folgen für das »Opfer«, bewußtzumachen. In Konfliktlösungsgesprächen führt dies zu dem Geständnis der »Täter«: »Das habe ich ja alles gar nicht gewollt!«

3. Die beteiligten Personen können nicht anders als durch ihre Handlung eine andere Person negativ beeinflußen, weil sie mit ihr konkurrieren.

   Für Mobbing heißt das: Die Mobber mobben im Streit um eine höher dotierte Position, um Macht, Anerkennung, Verantwortung oder Selbständigkeit.

   Erfahrungsgemäß ist dies eine ebenfalls häufige Konfliktvariante, die von manchen Unternehmen aus falsch verstandenen Motivationswünschen heraus regelrecht geschürt wird (vgl. S. 76, Konkurrenzdruck als Ursache von Konflikten am Arbeitsplatz).

Wer erkennt, welche Absichten Mobbende haben, kann nach alternativen Wegen suchen. Betrachten wir unsere drei Fallbeispiele.

Zum Fall Computerfirma

Hier werden von allen Beteiligten verschiedene Ziele angestrebt. Fred braucht eigentlich mehr Zeit bzw. Hilfe bei der Suche nach Unterbringungsmöglichkeiten für seine asthmakranke Mutter. Die Geschäftsführer wollen einen funktionierenden Wartungsdienst sichern, der dem jungen Unternehmen und seinen Angestellten den kleinen Kundenstamm erhält. Statt aber Fred zu seiner notwendigen zeitlichen Entlastung zu verhelfen, versetzen sie ihn in eine andere Abteilung: Sie entziehen ihm Status und Sicherheit. Diese Maßnahme hat mit dem ursprünglichen Zielkonflikt nichts gemein und hilft darum auch nicht. Als Fred mit seiner neuen Aufgabe nicht fertig wird, sehen ihn die anderen Mitarbeiter als einen »Schmarotzer« an, den sie nicht mittragen wollen.

Hätten die Geschäftsführer also eine Lösung angestrebt, die Fred zu mehr Zeit verholfen hätte, wäre der Folgekonflikt mit den Kollegen verhindert worden, der durch die ungeschickte Auswahl der neuen Aufgabe ›Kundenberatung‹, für die Fred nicht qualifiziert und vorbereitet war, noch forciert wurde.

Bei Elviras Kolleginnen:

- Verurteilen von egoistischem Verhalten
- Forderung nach gegenseitiger Toleranz
- Höherbewertung von Gemeinschaft vor Einzelkämpfertum
- Verurteilen von »freizügigen Liebesaffären« bzw. »sich prostituierendem« Verhalten

Ist erstmal der Nutzen, den eine Aggression verspricht, erkannt, hilft die Einteilung in »gut« und »böse«, in »Täter« und »Opfer« bei Mobbing nicht weiter. Moral verhindert keine Aggressionen. Im Gegenteil: Moralische Vorstellungen brauchen immer jemanden, der sie bestimmt; findet sich dann einer, der anderer Meinung ist, ist der Konflikt vorprogrammiert.

Studien haben ergeben, daß Aggressionen in der Regel wider besseres Wissen ausgeführt werde, d.h. eigentlich verurteilen die »Täter« aggressives Verhalten, allerdings umgehen sie die »Selbstverurteilung«, indem sie sich und ihr Gewissen »täuschen«, z.B. indem sie ihr aggressives Verhalten

- durch vorteilhafte Vergleiche bagatellisieren (»Was xy macht, ist noch viel schlimmer.«).
- durch höherwertige Prinzipien rechtfertigen.
- durch Verschieben oder Verschleiern der eigenen Verantwortung entziehen (»Ich erfülle nur meine Pflicht«, »Ich handle im Auftrag von ...«).
- im Wesen des Opfers begründen (»Die hat's auch nicht besser verdient.«).
- dem Opfer selbst zuschreiben (»Der hat mich doch provoziert«, »Ich mußte mich doch irgendwie verteidigen.«).
- nicht in vollem Ausmaß begreifen (»Das war doch gar nicht so schlimm.«).
- »vergessen« bzw. die Folgen verdrängen (»Ich habe in dem Moment nicht an diese Konsequenzen gedacht.«).

Gerade weil es so viele »Kunstgriffe« gibt, mit denen Menschen aggressives Verhalten, also auch Mobbingattacken, vor sich und anderen rechtfertigen, ist es nicht ausreichend, allein an das moralische Empfinden der »Täter« zu appellieren. Wichtiger ist es, die

Motive und die Ziele, um derentwillen gemobbt wird, zu erkennen und zu formulieren, um sie gemeinsam mit dem anderen – unter Einbeziehung auch seiner Ziele – anzustreben.

Dazu müssen Konfliktsituationen sachlich und rational betrachtet werden. Erst dann ist der Konflikt im Sinne und Interesse aller Beteiligten lösbar. Dies ist nicht immer einfach. Denn manches Mal müssen wir feststellen, daß uns etwas passiert, was wir nicht beabsichtigt haben; daß wir handeln, ohne es rational zu wollen.

In der modernen Psychologie spricht man von mehreren »Ichs«, aus denen der Mensch in jeder Situation aufs neue aktiv auswählen kann. Die Rede ist von den drei »Ich-Zuständen« des Menschen.

Die drei Ich-Zustände des Menschen

Eltern-Ich: In unserem Eltern-Ich handeln, sprechen, reagieren, fühlen und denken wir, wie es unserem Empfinden nach unsere Eltern oder andere wichtige Bezugspersonen getan haben, als wir noch klein waren. Es wird unterschieden zwischen unterstützendem und kritischem Eltern-Ich.

a) Das unterstützende Eltern-Ich übernimmt sämtliche Eigenschaften des Beschützens: das Pflegen, Loben, Hegen, Unterstützen, Helfen, Lehren, Umsorgen usw.
b) Das kritische Eltern-Ich übernimmt sämtliche Eigenschaften des Reglementierens: das Kritisieren, Befehlen, Abwerten, Strafen, Schimpfen, Kontrollieren, Für-Ordnung-Sorgen, Maßregeln usw.

Das Erwachsenen-Ich: In unserem Erwachsenen-Ich beobachten wir unsere Umgebung, wägen Möglichkeiten und Wahrscheinlichkeiten aufgrund früherer Erfahrungen ab, urteilen leidenschaftslos und rational, orientieren uns an logischen und sachlichen Argumenten.

Das Kind-Ich: In unserem Kind-Ich finden wir alle Wünsche und Hoffnungen, aber auch Ängste und Sorgen. Wir unterscheiden das angepaßte und das freie, natürliche Kind-Ich:

a) Das angepaßte Kind-Ich übernimmt sämtliche Eigenschaften des Gehorchens: Sich-Benehmen, Manieren-Haben, Auswendiglernen, Sich-schuldig-Fühlen, Zögern, Verschließen, Schmollen, Sich-Fürchten.
b) Das freie, natürliche Kind-Ich übernimmt sämtliche Eigenschaften der Spontanität: Spielen, Faulenzen, Freuen, Ärgern, Forschen, Lustbetontheit, Schamlosigkeit, Freiheit von Recht, Moral und Ethik, aber auch Leichtsinn und Unvernunft.

Konflikte entstehen, wenn Sprecher und Zuhörer auf verschiedenen Ich-Ebenen sprechen, denken und handeln.

Zum Beispiel:
A erzählt, daß es draußen bitterkalt ist. Er trägt nur ein T-Shirt und will ausprobieren, wie lange er das aushält (freies, natürliches Kind-Ich). B macht ihm Vorwürfe, daß A die Kostenexplosion im Gesundheitswesen mitverantwortet (kritisches Eltern-Ich). C dreht die Heizung auf (unterstützendes Eltern-Ich). D nickt und untermauert den Eindruck von A durch konkrete Temperaturangaben aus dem gestrigen Wetterbericht (Erwachsenen-Ich). E zuckt zusammen, jammert, wie sehr man draußen frieren kann und will damit nichts zu tun haben (angepaßtes Kind-Ich).

In sachlichen Diskussionen ist es nötig, daß beide Seiten als Erwachsene aus dem Erwachsenen-Ich zueinander sprechen. In emotionalen Auseinandersetzungen ist es wichtig zu erkennen, wer welche Ich-Position übernimmt und ob beide Seiten damit einverstanden sind. Geschieht das nicht, kommt es zu Konflikten, die so lange eskalieren, bis entweder alle Beteiligten sich auf einer Ebene wiederfinden oder einer unterliegt.

Aus welchen Ichs handeln die Mobbenden? Betrachten wir wieder unsere drei Fallbeispiele:

Zum Fall Computerfirma

Die Geschäftsführer handeln zunächst aus dem Erwachsenen-Ich und kalkulieren genau, daß sie mit höheren Löhnen bessere und motiviertere Mitarbeiter finden können. Doch als Fred Probleme bekommt, verfallen sie ins unterstützende Eltern-Ich, ohne ihre Hilfsmaßnahmen aus dem Erwachsenen-Ich zu überprüfen. Allerdings plädieren sie an das Erwachsenen-Ich ihrer Mitarbeiter (sie sollen doch vernünftig sein), meinen aber das Eltern-Ich (sie sollen auch unterstützend sein).

Fred fügt sich der Chefentscheidung kritiklos und ergreift keinerlei Initiative, seine Situation selbst zu verbessern (angepaßtes Kind-Ich). Die anderen Mitarbeiter, die lange Zeit die sachliche Notwendigkeit, Fred helfen zu müssen, eingesehen hatten, verfallen nach einiger Zeit selbst ins Kind-Ich: (»Wir wollen auch bemuttert werden.«) und – als ihnen diese Fürsorge versagt wird – greifen Fred aus dem sicheren kritischen Eltern-Ich als einen »Schmarotzer« am Betrieb an, den sie nicht länger mittragen wollen.

Zum Fall Schmuckabteilung

Petra und Sabine handeln lange Zeit sehr sozial und gerecht, sie wägen Vor- und Nachteile verschiedener Arbeitszeitmodelle ab und teilen die Arbeit gerecht auf (Erwachsenen-Ich). Doch aufgrund der Andeutungen ihrer Abteilungsleiterin fürchten sie plötzlich um ihren Arbeitsplatz (angepaßtes Kind-Ich) und sehen sich durch ihre höheren Umsatzzahlen in einer moralisch höherwertigen Position (kritisches Eltern-Ich) als ihre Kollegin Karla.

Karla handelt lange Zeit sehr vernünftig und geht bewußt mit ihrer vielfältigen Verantwortung um (Erwachsenen-Ich); doch als sie von den beiden Kolleginnen angegriffen wird, fällt sie ins hilflose und angepaßte Kind-Ich. In dieser Situation sucht sie die Unterstützung einer anerkannten Autorität, ihrer Vorgesetzten.

Sabine und Petra brauchten also Lob für ihr Erwachsenen-Ich, das sie von der Chefin auch erhalten, und Sicherheit und Schutz für ihr Kind-Ich, das die Chefin ihnen verweigert, weil sie selbst in dieser angespannten Situation im Kind-Ich verfangen ist.

Zum Fall Versandhaus

Elvira baut gezielt und mit großem Drang nach Neuem (freies Kind-Ich), aber gestützt durch die Arbeit in finanzieller Absicherung (Erwachsenen-Ich) ihre Karriere auf. Doch ihr Ehrgeiz und ihre »Musterschülerinnen«-Arroganz (kritisches Eltern-Ich) verletzt das Selbstwertgefühl der Gruppe.

Ihre Kolleginnen antworten auf diese Verletzung ebenfalls aus dem kritischen Eltern-Ich und bezweifeln die moralische Integrität ihrer Kollegin. Jürgens Hilfsmaßnahmen sind »gut gemeint« (unterstützendes Eltern-Ich), wirken aber wie Kritik (kritisches Eltern-Ich). Elvira verfällt durch die Übermacht des kritischen Eltern-Ichs ins angepaßte Kind-Ich.

Auffällig ist, daß alle aktiv Mobbenden und Mitmobbenden aus dem kritischen Eltern-Ich, die passiv Mobbenden aus dem angepaßten Kind-Ich agieren. Das ist auch ganz logisch, denn würde der Gemobbte auch aus dem Eltern-Ich reagieren, entstünde ein Dauerstreit ohne Sieger, nämlich die klassische »Nein« – »Doch«-Situation. Die Gegner befänden sich in einem stabilen Gleichgewicht.

Würde der Angegriffene aus dem Erwachsenen-Ich antworten, wäre der Konflikt schnell entschlüsselt und gelöst. Die Position des Eltern-Ichs wäre entmachtet und geradezu lächerlich. Mobbing könnte gar nicht entstehen.

Erst in der Reaktion aus dem Kind-Ich gerät der Gemobbte in die Opferlage, in der er sich durch Anpassung um »Gnade« bemüht. Doch solange der eigentliche Sachkonflikt, der dem Mobbing vorausgeht, nicht gelöst wird, nützt es nichts, wenn sich das Kind-Ich/der passiv Mobbende den Forderungen des Eltern-Ichs/der aktiv Mobbenden anpaßt.

Daß die Mobber aus dem Eltern-Ich agieren, ist einsichtig. Nur dort haben sie klare Argumente und kritische Vorstellungen, aus denen sie jemanden attackieren können. Zudem brauchen die Mobber ja eine moralische »Ausrede«, um ihre Angriffe vor sich selbst rechtfertigen zu können (vgl. S. 49).

Würden die Mobber aus dem Erwachsenen-Ich handeln, bräuchten sie gar nicht zu mobben, sondern könnten eine sachliche Lösung für das Problem finden.

Auch das Kind-Ich ist keine Position für Mobber: Hier wären sie selbst die »Opfer«, die auf ein fürsorgliches Eltern-Ich hoffen, oder sie würden aus Neugier und Leichtsinn »Grenzen« austesten und somit keine wirkliche Bedrohung darstellen, sondern ihre »Angriffe« sofort einstellen, wenn sie eine Grenze spüren.

Warum ist es so schwer, Konflikte offen auszutragen?

Es gehört heute zum guten Ton, sich zu verstehen. Uns fehlt das Trainingsfeld für Konflikte. Unsere »Innere Landkarte« hat keinen Raum für Konflikte vorgesehen; unser Selbstbild will uns als friedliebenden, umgänglichen Menschen, der sich mit allen gut versteht. Es herrscht absolutes Aggressionsverbot. Nur in bestimmten Ausnahmegebieten sind Aggressionen erlaubt: auf dem Fußballfeld, im Straßenverkehr oder vor dem Fernseher; aber in den eigentlichen sozialen Beziehungen sind Konflikte tabu.

Mit Sätzen wie »Lehrjahre sind keine Herrenjahre« oder »Der Klügere gibt nach« wird uns eine aktive Konfliktlösung ab- und ein passives Verdrängen der Konflikte anerzogen.

Unser Eltern-Ich untersagt uns den Konflikt; d.h. wer einen Konflikt mit einem anderen hat, hat gleich einen zweiten mit sich selbst. Der eigene Anspruch an das »ideale« Selbst wird gestört, sobald ein Konflikt ins Leben tritt.

Deshalb werden Konflikte verdrängt. Häufig wissen die Mobbenden gar nicht, daß sie in einem Konflikt stecken, sondern spüren nur die Symptome. Konflikte werden darum möglichst anonym ausgelebt – die Mobbinghandlung »Telefonterror« ist das signifikanteste Beispiel dafür.

Die Tabuisierung des Konfliktes führt dazu, daß wir verlernen, Konflikte wahrzunehmen. Es geht uns doch gut ... Da Konflikte nicht einfach verschwinden, arbeiten wir sie unbewußt ab durch Jammern oder »Rabattmarkensammeln«:

Heimlich jammern wir gerne und ausgiebig über Streß und Hektik. So werden wir unsere Sorgen und auch unsere aufgestaute Wut los und tun doch so, als stünde kein Konflikt dahinter. Dabei entsteht Streß nicht von allein, sondern daraus, daß uns jemand zu enge Termine setzt oder zu schwierige Aufgaben stellt.

Bei den meisten Menschen gibt es so etwas wie ein »Rabattmarkenheft«. Hier werden alle Ärgernisse und Konflikte eingetragen, bis einem dann »die Hutschnur reißt«, »der Kragen platzt«, »die Galle überläuft« oder »der letzte Tropfen das Faß zum Überlaufen bringt«. Dann ist »Schluß« – und dann erlaubt sich der Rabattmarkensammler all das, was er sich sonst nie erlaubt: Er brüllt und schreit oder schlägt um sich, wirft Geschirr oder verläßt türenknallend den Raum und entzieht sich der Diskussion – kurz: er mobbt.

Psychische Streßfaktoren am Arbeitsplatz

Psychischer Arbeitsstreß ist im Vergleich zur Tradition ergonomischer und physiologischer Forschung bislang nur vereinzelt und mit geringen finanziellen Mitteln untersucht worden.

Psychischer Streß in der Arbeitssituation ist nicht auf einen einzigen Faktor reduzierbar, sondern umfaßt verschiedene Dimensionen der Arbeitserfahrung.

Einer Untersuchung der Internationalen Arbeitsorganisation in Genf zufolge muß zum Beispiel inzwischen jeder vierte Arbeitnehmer damit rechnen, im Laufe seines Berufslebens in irgendeiner Weise psychisch zu erkranken. 80 bis 90 Prozent aller Arbeitsunfälle, so schätzen die Arbeitswissenschaftler weiter, sind bereits heute durch persönliche Schwierigkeiten der Arbeitnehmer verursacht – Schwierigkeiten, die ihre Wurzeln nicht nur im Privatleben haben.

Auch wenn Arbeitnehmer selbst diese Störungen vielleicht überhaupt nicht mit ihrem Arbeitsplatz in Zusammenhang bringen, so belegen doch verschiedene Untersuchungen eindeutig, daß die Situation am Arbeitsplatz nicht nur körperlich, sondern auch psychisch krank machen kann.

Eine amerikanische Studie ergab, daß die Einstellungen und Gefühle, die ein Mensch seiner Arbeit gegenüber hat, seine gesamte psychische und physische Befindlichkeit beeinflussen: Vor allem Beschäftigte, die wenig Verantwortung an ihrem Arbeitsplatz und kaum Mitwirkungs- und Entscheidungsmöglichkeiten hatten, litten unter depressiven Verstimmungen, Schlafstörungen, Herz- und Magenbeschwerden. Sie waren auch insgesamt unzufrieden mit ihren Arbeitsbedingungen: »Ich habe die Arbeit satt«, war der allgemeine Tenor.

Umfragen bestätigen, daß auch im Zeitalter der technischen Revolution immer noch viele Arbeitnehmer unter körperlicher Belastung leiden:

- 4,2 Mio. (19 Prozent der Erwerbstätigen) arbeiten »praktisch immer oder häufig« in gebückter Körperhaltung.
- 3,8 Mio. (17 Prozent) tragen oder heben »praktisch immer oder häufig« Lasten von mehr als 20 Kilogramm.
- 5,2 Mio. (24 Prozent) arbeiten »praktisch immer oder häufig« in Nässe, Kälte, Hitze oder Zugluft.
- 4,0 Mio. (18 Prozent) arbeiten »praktisch immer oder häufig« in Rauch, Staub, Gasen oder Dämpfen.
- 6,4 Mio. (29 Prozent) arbeiten »praktisch immer oder häufig« unter Lärm.
- 3,1 Mio. (14 Prozent) arbeiten »praktisch immer oder häufig« in Nacht- oder Schichtarbeit.

Die überragende Mehrheit der Arbeitnehmer sieht sich aber psychischem Streß ausgesetzt:

- 66 Prozent der Arbeiterinnen und Arbeiter und 71 Prozent der Angestellten fühlen sich unter Leistungsdruck.
- 91 Prozent sehen »immer mehr Arbeitsplätze« durch »Rationalisierungsmaßnahmen gefährdet«.

- 60,2 Prozent gaben an, »nicht ganz auf der Höhe«, »angeschlagen«, »abgeschafft« oder krank zu sein.

Mit der Einführung von modernen Maschinen, die schwere körperliche Arbeit erleichtern, hatte man gehofft, nicht nur die Produktivität zu steigern, sondern auch die Arbeitsbelastung für die Arbeitnehmer senken zu können. Man hatte zu viel gehofft:

Seit Anfang der 70er Jahre wurde in zahlreichen empirischen Untersuchungen wiederholt nachgewiesen, daß der technisch-organisatorische Wandel höchstens zu einem Wandel des Bela-

Abbildung 6

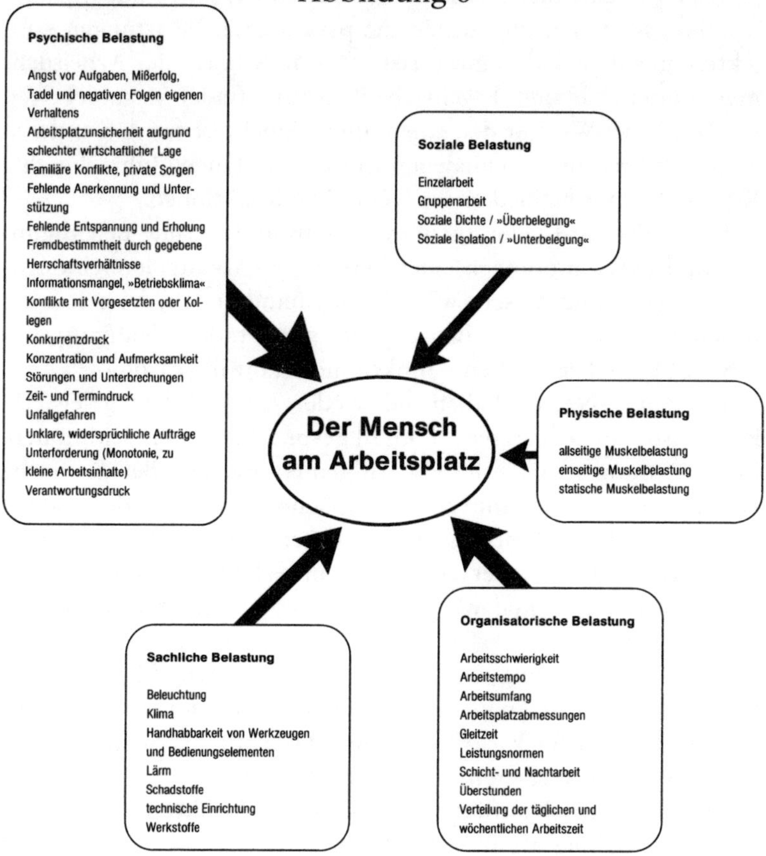

stungsspektrums geführt hatte. Die physische Balstung war weniger geworden, aber die »informatorisch-mentale« Beanspruchung und die psychische Belastung hatten zugenommen. Statt einer Reduzierung hatte man ein vergrößertes Spektrum von Belastungen und Streßfaktoren.

Die Grafik (S. 57) zeigt, welche unterschiedlichen Arten von Streßfaktoren auf den arbeitenden Menschen Einfluß haben. Fast alle Bereiche können Ursache eines Konfliktes, der Beginn eines Mobbingfalles und die Krankheitsauslöser eines Arbeitnehmers werden.

Was bis heute nicht wirklich entwickelt ist, sind eindeutige Beurteilungskriterien, mit denen die psychischen Belastungen »objektiv« messbar und damit juristisch zum Schutze der Arbeitnehmer eingrenzbar sind. Psychische Belastung findet im subjektiven Erleben statt: Was für den einen unerträglich, ist für den anderen gerade richtig. In verschiedenen Zusammenhängen führt dieselbe Erfahrung zu verschiedenen psychischen Reaktionen.

Einerseits wird jeder zustimmen, daß andauernde Beleidigungen und Beschimpfungen einer Person am Arbeitsplatz eine Zumutung sind; andererseits wird sich niemand finden, der genau definieren kann, was eine Beleidigung ist. Gerade Beleidigungen – um im Beispiel zu bleiben – funktionieren oft über Ironie:

Der Satz »Na, da haben Sie wieder ganze Arbeit geleistet!« kann also – im »richtigen« Tonfall gesprochen – eine schlimmere Beschimpfung sein als der ehrlich gemeinte Satz: »Bei der Sache ist Ihnen ein Fehler unterlaufen!«. Schon zwischen den Sätzen »Bei der Sache ist Ihnen ein Fehler unterlaufen!«, »Bei der Sache ist Ihnen ja mal wieder ein Fehler unterlaufen!« und »Bei der Sache ist Ihnen ja mal wieder ein Fehler unterlaufen, mein Lieber!« liegen Welten.

Manche Verletzung wird auch nur durch winzig kleine Bemerkungen, ein Schnalzen mit der Zunge, manchmal nur durch einen entsprechenden Blick hervorgerufen. Deshalb das Schnalzen am Arbeitsplatz zu verbieten, wäre absurd.

Eine Skala der Konflikt-Streßfaktoren – A führt wahrscheinlicher zu Mobbing als B, C häufiger als D usw. –, anhand derer man sich an die Grenzwerte der Konfliktbelastungen halten und einem dann nichts passieren könnte, läßt sich nicht erstellen. Denn nicht jede Streßsituation bedeutet für jeden Menschen das gleiche. Der Mensch reagiert ja nicht nur passiv, sondern wird auch selbst tätig, handelt und begibt sich aktiv in eine jeweilige Streßsituation. Er verbraucht seine Energien nicht bis zur Erschöpfung, sondern versucht seine Kräfte vorausschauend einzuteilen.

Es wäre zu vereinfachend, zwischen körperlicher und geistiger Arbeit zu unterscheiden, denn auch den ganzen Tag am Schreibtisch zu sitzen, belastet den Körper durch Einseitigkeit und Bewegungsarmut, und den ganzen Tag umherzulaufen und schwere Gegenstände zu tragen, kann für den Geist sehr anstrengend sein. Erfahrung und persönliche Disposition in der Belastung spielen eine immense Rolle: Rennfahrer werden in derselben Verkehrssituation anders belastet als Sonntagsfahrer.

Die objektiven Anforderungen führen je nach verfügbaren Ressourcen des Menschen außerdem zu unterschiedlichen Bewältigungsformen. Eine Person mit schwachem Herzen wird in Streßsituationen eher mit Herzschmerzen reagieren; eine Person mit vielen Muskeln und langjähriger Ringkampferfahrung wird den Konflikt eher mit den Fäusten lösen wollen usw.

Ermüdung, Monotonie und Frustration sind demnach nicht bloße Reaktionen auf objektive Gegebenheiten, sondern Bewältigungsformen der Betroffenen. Außerdem resultieren psychische Belastungen nicht nur aus den Gegebenheiten der eigentlichen Arbeit, sondern aus sämtlichen Arbeits- und Lebensbedingungen.

Aus der Streßforschung ist bekannt, daß es guten und schlechten Streß gibt: Eu- und Distreß. Eustreß aktiviert den Menschen, macht ihn dynamisch und unternehmungslustig. Distreß hingegen überfordert den Menschen, ermüdet und frustriert ihn.

Dasselbe gilt auch für Konflikte am Arbeitsplatz: Es gibt gute und schlechte Konflikte. Die guten spornen an und aktivieren. Die schlechten Konflikte, die schließlich zu Mobbing führen, überfordern und provozieren ungezielte aggressive Aktionen und immer größer werdende Erschöpfung.

Der Forderung nach Grenzwerten liegt der Gedanke zugrunde, daß der Mensch sich nur durch Verbote lenken läßt. Doch Verbote können Verhaltensweisen des Menschen nur kurzfristig und mit hohem Aufwand an Kontrollinstrumenten verändern, langfristige Veränderungen brauchen Einsicht.

Humanisierung des Arbeitsplatzes muß also heißen, den Menschen als eigenverantwortliches und vernüftig handelndes Wesen anzuerkennen.

Bei Mobbingfällen zeigt sich immer wieder, daß den »Tätern« das Ausmaß ihrer Tat nicht bewußt ist. In Konfliktfällen am Arbeitsplatz ist darum oft der einfachste, schnellste und wirkungsvollste Schritt, gemeinsam die subjektiven Grenzen der Kolleginnen und Kollegen aufzuspüren und zu akzeptieren. Dazu braucht es keinerlei staatliche Regelung für objektive Grenzwerte. Die schwierige Aufgabe, objektive Grenzwerte für subjektive Belastungen zu schaffen, wird bei Mobbing nur durch eine Veränderung des Bewußtseins gelöst: Subjektive Grenzen brauchen subjektive Grenzwärter. Wer gelernt hat, eigene Grenzen zu setzen und zu überwachen und fremde Grenzen nicht zu überschreiten, wird andere nicht mobben und selbst von Mobbing verschont bleiben. Ein vernunftgeleiteter und sachlicher Erwachsener wird in der Lage sein, Konflikte welcher Art auch immer zu lösen.

In der Praxis ist es wichtig zu erkennen, daß alle Menschen auf irgendeine Weise physischen und psychischen Belastungen ausgesetzt sind, und daß alle Menschen immer wieder soziale Konflikte am Arbeitsplatz bewältigen müssen. Nicht jeder der genannten Streßfaktoren muß zu Mobbing führen. Aber es ist sinnvoll, zu erkennen, daß er zu Mobbing führen *kann,* und zu akzeptieren, daß ein Arbeitsplatz viel Konfliktpotential in sich trägt. Man muß lernen, damit »vernünftig« umzugehen.

Die vielen »leisen Konflikte« am Arbeitsplatz – und wie man besser mit ihnen umgehen kann

Für Mobbing relevant sind vor allem die sozialen, die psychischen und die organisatorischen Streßfaktoren. Physische und sachliche Streßfaktoren können zwar ebenfalls langfristig zu Mobbing führen, aber nur dann, wenn sie ungerecht verteilt werden.

Zum Beispiel: Eine Raucherin und eine Nichtraucherin arbeiten in einem gemeinsamen Büroraum. Der Konflikt über das Raumklima schwelt, unaufgelöst kann er eskalieren. Dieses Beispiel ist vor allem ein organisatorisches Problem, das unter dem Stichwort »Arbeitsplatzabmessungen« zu erfassen wäre. Hier nämlich wäre durch andere Abmessungen, durch klare Raucher- und Nichtraucherzonen leicht ein Kompromiß zu finden.

Ein zweites Beispiel: Der Kopierer ist häufig kaputt, dadurch entstehen Schlangen und lange Wartezeiten. Arbeiten, die zu einem bestimmten Termin fertig sein müssen, verzögern sich unnötig. Zwei Mitarbeiter streiten sich darum immer wieder um den Kopierer. Auch hier entsteht der Konflikt nicht durch die sachliche, sondern durch soziale und psychische Belastung. Stichwort: »Zeit- und Termindruck«, evtl. auch »Soziale Dichte« (zu viele Mitarbeiter auf zu wenige funktionsfähige Kopierer), »Verantwortungsdruck« (die Mitarbeiter werden für Verzögerungen verantwortlich gemacht, die aufgrund betrieblicher Störungen – defekter Kopierer – entstehen).

Am leichtesten zu beheben sind Konfliktpotentiale durch organisatorische Streßfaktoren: Gute Personalpolitik wird immer ein optimales Verhältnis von Belastbarkeit des Mitarbeiters und Belastung durch die Aufgabe schaffen. Zudem wird in der Regel über diese organisatorischen Streßfaktoren von Anfang an offen geredet. Wer eine neue Stelle antritt, wird über die zu erwartende Arbeitszeit, die Schichtdienste, die Gestaltung seines Arbeitsplatzes usw. sofort und unmittelbar unterrichtet. Für manche Faktoren, z.B. Überstunden und Nachtarbeitszeiten, gibt es gesetzliche Regelungen, so daß Konfliktpotentiale schnell erkannt und nur selten zu Mobbing führen werden.

Komplizierter wird es in bezug auf die psychischen Streßfaktoren: Hier gibt es weder gesetzliche Regelungen, noch sind wir gewohnt, über diese Art von Belastung offen zu sprechen. »Gefühle« haben am Arbeitsplatz nichts zu suchen. Angst, Stolz, Traurigkeit, Enttäuschung, Unsicherheit, Lust und Begeisterung sind Vokabeln, die bei der Arbeit höchstens in gedämpfter Form als Skepsis, Zufriedenheit, Unzufriedenheit, Zweifel oder Interesse auftauchen.

Doch wie verhält es sich wirklich mit den Emotionen am Arbeitsplatz? Arbeit erfüllt nicht nur materielle, sondern auch immaterielle Bedürfnisse des Menschen wie:

Struktur, Ordnung, Sicherheit, Status. Arbeit gibt das Gefühl, die äußere und die innere Realität strukturieren zu können. Keine Arbeit oder Arbeitsplatzunsicherheit führen zu »Abwehrreaktionen«: Gefühle wie Wut, Kampf, Verteidigung kommen auf, um die Ordnung wiederherzustellen.

Soziale Kontakte, Anerkennung, Geborgenheit. Arbeit befriedigt das Bedürfnis nach Zugehörigkeit und Gemeinschaft. Keine Arbeit oder Arbeitsplatzunsicherheit wecken die Angst, nicht gemocht zu werden, draußen zu sein, fallengelassen zu sein.

Selbstwertgefühl, Eigenliebe, Ausleben der eigenen Kreativität. Arbeit stillt das Bedürfnis nach Selbstentwicklung oder Selbstverwirklichung. Keine Arbeit oder Arbeitsplatzunsicherheit bedeutet, keine Perspektive zu haben, die eigene Identität nicht einbringen, sich nicht weiterentwickeln zu können. Das führt zu Gefühlen der Kränkung, Interesselosigkeit und Ablehnung.

Arbeitsplatzunsicherheit

Bereits die potentielle Gefährdung des eigenen Arbeitsplatzes, so ergaben zahlreiche Studien, wird als Stressor erlebt, selbst wenn in der aktuellen betrieblichen Situation keine unmittelbare Bedrohung durch Arbeitslosigkeit besteht.

Für Arbeitslose geht mit dem Verlust des Arbeitsplatzes ein Verlust des Selbstwertes und der eigenen Identität einher.

Johannes, 47, Maschinenbaufertigungstechniker:
»Ich glaube, mehr als 80 Prozent der Leute, die ich kenne, haben Angst, ihren Arbeitsplatz zu verlieren, denn man bekommt ja nur Anerkennung, wenn man jemand ist, und das heißt: wenn man Arbeit hat.«*

Arbeit vermittelt Identität. Arbeitsplatzunsicherheit bedroht die gesamte Persönlichkeit der Arbeitnehmenden und bedeutet damit die höchste Form von Streß. Alle inneren Alarmlampen des Menschen werden eingeschaltet, wenn diese zentrale Basis der eigenen Identität gefährdet ist. Die Bereitschaft, andere Streßfaktoren zu akzeptieren, wenn sich dadurch der Arbeitsplatz sichern läßt, ist deshalb ungeheuer groß.

Gerade aus dieser »Opfer«bereitschaft der Arbeitnehmer versuchen viele Arbeitgeber Profit zu schlagen: Sie drohen mit der Kündigung oder dem Konkurs, falls die Arbeitnehmer sich nicht auf bestimmte Forderungen einlassen. Zwar führt diese Taktik kurzfristig zum Erfolg, da ja die Arbeitnehmer ihren Arbeitsplatz erhalten wollen, doch langfristig kommt es zu einer erheblichen und nicht zu unterschätzenden Verunsicherung der Arbeitnehmer.

Angst um den Arbeitsplatz ist nicht nur möglicher Auslöser für Mobbing (wie im Fallbeispiel »Schmuckabteilung«), sondern außerdem eine schlechte Basis für effektive Gruppenarbeit. Arbeitsplatzunsicherheit läßt sich nicht mit Leistungsorientierung und auf Effektivität zielender Gruppenarbeit vereinbaren. Die Bedrohung des persönlichen Arbeitsplatzes führt zu Konkurrenzdenken und Profilierungsstreben innerhalb der Gruppe: Wenn schon einer arbeitslos werden muß, dann bitte der andere! Diese Konkurrenzsituation schafft ein destruktives Klima. Das Leistungsziel »Effektivität durch Teamarbeit« geht dabei verloren.

Anonym, 50, Kaufhausmitarbeiter:
»Ich würde sagen, damals war es noch ein Miteinander, und heute ein Gegeneinander ... Weil jeder jetzt Angst hat um seinen Arbeitsplatz und in dem anderen ja praktisch den

Konkurrenten sieht, weil er nicht weiß, ob er morgen auch noch da ist.«[1]

Wer mit der Angst der Arbeitnehmer um den Arbeitsplatz leichtfertig spielt oder versucht, sie für die Durchsetzung der betrieblichen Interessen auszunutzen, schneidet sich langfristig ins eigene Fleisch.

Unternehmen, die Arbeitsplätze abbauen müssen, sollten das unbedingt offen ansprechen, schnell klare Entscheidungen fällen und die »Übriggebliebenen« nicht auch noch verunsichern. Die Demotivation der Mitarbeiter durch die Erfolglosigkeit des Betriebes am Markt, die zu den Kündigungen geführt hat, richtet schon genügend Schaden an. Diesen Schaden gilt es durch kluge und sachliche Personalpolitik möglichst klein zu halten.

Fehlende Anerkennung, Unterstützung und Aufstiegschancen

Ähnlich massiv wie Arbeitsplatzunsicherheit wird berufliche Abwertung erfahren. Auch sie greift die Bedürfnisse nach Sicherheit, Status, Anerkennung und Geborgenheit an. Abwertungen können auf verschiedene Art und Weise erfolgen:

a) ein Mitarbeiter wird nur provisorisch höhergestuft und nach Ablauf der geplanten Frist wieder heruntergestuft;
b) ein Mitarbeiter wird von seiner Stelle als Vorgesetzter durch einen anderen abgelöst, dem er fortan zuarbeitet;
c) es wird eine Stelle neu geschaffen, die höher steht als die des Mitarbeiters und durch einen anderen, evtl. sogar durch einen bislang Untergebenen besetzt;
d) die ganze Abteilung wird aufgelöst und die Mitarbeiter in andere Abteilungen versetzt, die niedrigeres soziales Ansehen besitzen.

1 Pawlowsky, Peter: Aus Kollegen werden Konkurrenten, in: Arbeit – die seelischen Kosten!: Thema: Arbeit und Psyche, Weinheim: 1988

Abwertungen werden aber immer erfahren als:

- Verachtung der Leistungsfähigkeit
- Verunsicherung des Selbstwertgefühls
- Zeichen der Wertlosigkeit
- Statusverlust
- Verlust der sozialen und gesellschaftlichen Anerkennung
- Ablehnung der Person
- Niederlage

Sind Versetzungen einzelner Mitarbeiter notwendig, ist es sinnvoll, durch »innere Public Relations« den Imagewert dieser Stelle aufzupolieren oder durch Umgestaltung der Aufgaben- und Stellenbeschreibung die Versetzung eines Mitarbeiter nicht zur »Degradierung« werden zu lassen (s. Fallbeispiel »Computerfirma«).

Ende der Karriereleiter

Auch wer seine beruflichen Erwartungen im Verlauf der Erwerbskarriere nicht realisieren kann, leidet darunter. Die Diskrepanz zwischen Anspruch und beruflicher Wirklichkeit führt bei allen Menschen zu einer Beeinträchtigung der psychischen Gesundheit, ganz besonders sind jedoch die Beschäftigten in unteren beruflichen Positionen betroffen.

Hier bleibt vor allem der Wunsch nach Selbstwertgefühl und Selbstverwirklichung unerfüllt. Neidgefühle oder Arroganz beginnen, das Verhältnis zu Kolleginnen oder Kollegen, die noch Perspektive haben, zu bestimmen. Wer am Ende seiner Möglichkeiten angelangt ist, wird – in seinem Wunsch nach Entfaltung gekränkt – zum Mobber, wenn er stark ist – oder zum Gemobbten, wenn er aufgrund anderer Faktoren in einer schwächeren Position ist:

Klaus, 45, Lektor:
Ich verdiente für damalige Verhältnisse sehr gut. Ich hätte zufrieden sein können. Aber ich war es nicht. Ich wollte den Job nicht mehr machen, meine Frau und ich verstanden uns nicht, ich sah immer nur die Kollegen, tagaus, tagein. Es gab

Klatsch, Intrigen, Ehebruch. Ich hatte in diesem Beruf erreicht, was ich erreichen konnte, und ich sah den nächsten 30 Jahren in Langeweile entgegen. Mir war klar, daß ich etwas völlig anderes machen mußte. [...]

Ich habe dann resigniert. Ich hatte die Kraft erstmal verloren, mich immer wieder neu zu bewerben. In dem alten Beruf wollte ich nicht arbeiten, in dem neuen, den ich anstrebte, wollte mich niemand haben.«*

Wer im Betrieb keine Perspektive hat, wird versuchen, sich durch Interesselosigkeit und Ablehnung gegenüber den gestellten Aufgaben von der Arbeit abzugrenzen und zu verteidigen. Es beginnt die »Innere Emigration«.

Unternehmen, die sich der Bedeutung von Karrieremöglichkeiten und Statuspositionen nicht bewußt sind, werden ihre Mitarbeiterinnen und Mitarbeiter unbewußt psychisch »terrorisieren«. Sind Beschäftigte tatsächlich am Ende ihrer Karriereleiter angekommen, muß man mit ihnen offen darüber reden. Es sollten Möglichkeiten der Weiterbildung/Umschulung erörtert werden, die eine Weiterentwicklung fördern. Manchmal bieten sich auch Perspektiven der Selbstverwirklichung im privaten Bereich an.

Hängt das Karriereende aber nicht an der Person, sondern am Betrieb, wäre es fair – und durch die positive Wirkung auf die anderen Mitarbeiter durchaus auch im Sinne des Unternehmens – den Mitarbeiter auf andere Firmen hinzuweisen, die Aufstiegsmöglichkeiten auch in höhere Positionen und Aufgabenfelder öffnen, die den Mitarbeiter aufs neue fordern könnten. Selbst wenn dadurch ein wertvoller Mitarbeiter verloren geht, ist verhindert, daß aus dem guten ein schlechter Mitarbeiter wird, der aus Frustration seine Kollegen »mobbt« und damit den ganzen Betrieb schädigt.

Fehlende Entspannung und Erholung

»Mach mal Pause« ist kein typischer Satz für einen Vorgesetzten. Dabei ist inzwischen mehrfach nachgewiesen, daß häufige kleine

Abbildung 7: Arbeitsleistung in Prozent
(Bezugspunkt 100%)

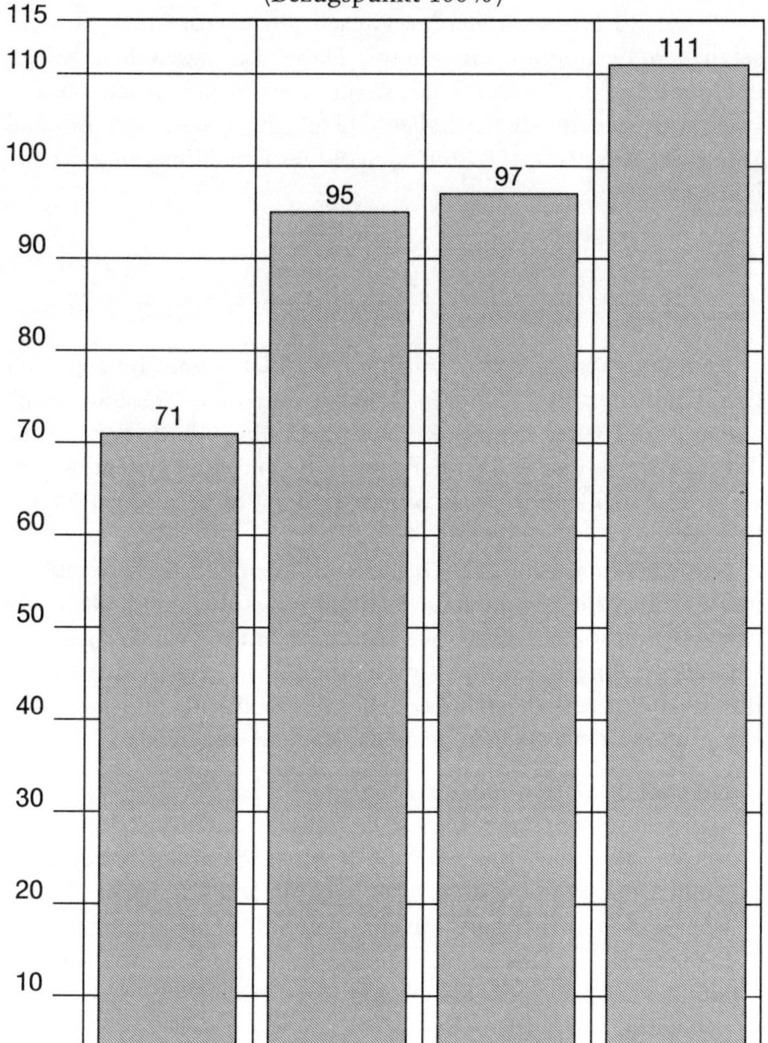

Quelle: Hacker, W. 1984/75, hier nach Breuer S. 71, s. Literaturverzeichnis S. 155

Pausen die Effektivität der Arbeitnehmer deutlicher steigern als wenige große.

Vielen Mitarbeitern werden Pausen nur entsprechend den gesetzlichen Bestimmungen erlaubt. Dabei ist inzwischen belegt, daß der Grad der Produktivität steigt, umso mehr Entscheidungsspielraum die Mitarbeiter haben. Dazu gehört neben der Art und Weise der Arbeitsabwicklung auch die zeitliche Einteilung der Arbeit (Abb. 7).

Fremdbestimmtheit, Kontrolle und Überwachung

Fremdbestimmte Arbeitsformen: Wenn Entscheidungen über den Kopf der Beschäftigten hinweg getroffen werden; wenn einem Mitarbeiter genaustens vorgeschrieben wird, auf welche Art und Weise und wie schnell eine Arbeit erledigt sein muß, und wenn er dabei ständig kontrolliert wird, ist er gesundheitlich gefährdet.

Studien bestätigen, daß Menschen, die eine komplexe und inhaltlich anspruchsvolle Arbeitsaufgabe ausüben und die dabei den Arbeitsprozeß selbst kontrollieren können, weniger gestreßt sind als diejenigen, die eine simple, monotone und fremdkontrollierte Arbeit zu erledigen haben. Ständige Kontrolle und daraus resultierende Kritik machen unsicher, wütend und krank.

Helmut, 53, Fensterputzer:

> »Ich gehöre zu denen, die die Arbeit sofort selbständig ausführen. In der Lehre mußte ich oft selbständig arbeiten, wenn einer krank wurde. Das hat mir Spaß gemacht. Der Chef will ja auch sehen, was man kann. Da braucht man ein Händchen für. Das ist nicht jedem gegeben. [...] Aber man muß an der Sache, die man macht, auch ein bißchen Spaß haben. Sonst wird das nichts.
> Wenn sie in einem Befehlston mit mir reden und mir sagen: Hier wird nur getan, was wir anordnen, eigene Entscheidungen treffen Sie nicht, dann sehe ich rot.«*

Kontrolle ist ein notwendiges Instrument, um rechtzeitig drohende Mißerfolge zu erkennen und Alternativmaßnahmen einzuleiten. Aber Kontrollen sollten nicht als Machtinstrument mißbraucht werden.

Zuviel Kontrolle kann Konflikte heraufbeschwören, die dann die Leistungsfähigkeit der Mitarbeiter unterwandern. Kontrollmaßnahmen verhindern keine Störungen, sondern sie stören selbst. Unternehmen, die erfolgreich produzieren wollen, geben ihren Mitarbeiter möglichst große Entscheidungsspielräume. Die Erfahrung zeigt, daß dann die Produktionsleistung steigt und das Betriebsklima besser ist als in stark fremdbestimmten und kontrollierten Organisationen.

Führungskräfte sollten anstreben, daß Mitarbeiter Kontrolle als notwendiges Mittel zur Erfolgssicherung anerkennen und eigene Vorschläge zur Selbst- und Zielkontrolle einleiten.

Kontrollen sollten sich zudem nicht nur auf die negative Abweichung von Soll und Ist konzentrieren, sondern auch Positivabweichungen wahrnehmen. Dann ist Kontrolle auch ein Stück Anerkennung und Lob. Bei Mißerfolgen sollten die Kontrollen nicht zu Vorwürfen (»Warum haben Sie das falsch gemacht?«), sondern zu Ansatzpunkten für verbesserte Vorgehensweisen führen (»Was können wir machen, damit Sie besser klarkommen?«).

Fremdbestimmte Gefühle: Arbeitnehmer, die sich der Kontrolle nicht widersetzen, sondern sich ihr anpassen, verfälschen ihre eigentliche Persönlichkeit; manche so sehr, daß sie sich selbst fast aufgeben. Ein eigenständiger, verantwortungsvoller Umgang mit der gestellten Aufgabe und mit den Kollegen ist nicht mehr möglich. Konflikte werden nicht mehr authentisch gelöst, sondern wie jeder eigene Entscheidungswille verdrängt.

Immer häufiger stellen Arbeitgeber sogar Regeln auf, nach denen ihre Angestellten fühlen und handeln sollen. Durch das freundliche und zuvorkommende Auftreten der Angestellten sollen Kunden gewonnen und an die Firma gebunden werden. Verkauft wird dem Kunden also nicht nur eine Leistung der Firma, sondern verkauft werden ihm auch die positiven Gefühle ihrer Mitarbeiter.

Schätzungsweise ein Drittel aller Erwerbstätigen bringt die Gefühle in die Arbeit mit ein, ohne sich allerdings dieser Art von »Leistung« bewußt zu sein. Für die meisten ist es keine »Arbeit«, wenn sie sich um eine freundliche Miene bemühen, und sie merken auch nicht, daß diese Gefühlsarbeit sie unter Umständen sehr viel Kraft kosten kann.

Eine Verkäuferin, die nicht lächelt, wird weniger Ware verkaufen als ihre immer strahlende Kollegin. Ein hochgestecktes Leistungsziel hat bestimmte Gefühle gewissermaßen zur Bedingung. Die Persönlichkeit wird zu einer ›kommerziellen Maske‹, der Arbeitnehmer wird zu einem Menschen, der ›stets zu jedem freundlich, hilfsbereit, taktvoll und höflich zu sein‹ hat. Wie eine Situation, eine Person bewertet werden soll, das ist dann nicht mehr den eigenen Gefühlen überlassen, sondern wird von außen, von der Firma festgelegt. Nicht mehr die eigenen Gefühle sind Maßstab und Orientierung für den Umgang mit anderen Menschen, die Gefühlsarbeit wird fremdbestimmt.

Diese geforderte, aber unbewußte Gefühlsanpassung kann schwerwiegende Folgen haben: Wenn ihnen ihre Arbeit keinen Spaß mehr macht, dann suchen die Mitarbeiter die Ursachen nicht bei denen, die ihnen diese Gefühlsleistung abverlangen, sondern bei sich selbst.

Wenn es dem Arbeitnehmer gelingt, die Gefühlsregeln, die die Firma aufstellt, zu verinnerlichen und sich voll und ganz damit zu identifizieren, dann bedeutet diese »Seelenwäsche zu positiven Gefühlen«, daß sich die Menschen einander entfremden: weil jeder den anderen emotional belügt. Die Kollegen wissen die freundliche Art nicht mehr einzuordnen – niemand ist mehr aus sich selbst »echt«, sondern nur entsprechend den betrieblichen Gefühlsregeln »ehrlich«. Menschen, die sich derart mit ihrer Arbeit identifizieren, fehlt die nötige Distanz zu ihrer Arbeit; sie beziehen Lob und Tadel, Erfolg und Mißerfolg immer auf sich. Und ihnen fehlt die Stärke der inneren Ehrlichkeit, um Kritik zu bewältigen.

Wer immer nett zu den Kollegen ist, fürsorglich zu Alten und Kranken, verständnisvoll für die Sorgen der Kunden, gehorsam lächelnd bei witzigen Bemerkungen oder schlichtend bei Reklamationen, der kennt die eigenen Gefühle bald nicht mehr. Die Frage »Was fühle ich wirklich?« kann kaum noch beantwortet werden.

Eigene Konflikte werden ins Unterbewußtsein verdrängt, wo sie sich sammeln, bis der Druck zu stark wird. Der aufgestaute Frust, die unverarbeitete Wut und Trauer entlädt sich am schwächeren Kollegen oder sie macht krank – Mobber oder Gemobbter.

Unternehmen, die ihren Mitarbeiter solche Gefühlsarbeit abverlangen, sollten deshalb unbedingt »Rückzugsräume der Ehrlichkeit« schaffen. Das Lästern über Kunden ist ein beliebtes Ventil, über das die eigenen Gefühle im Arbeitnehmer ihren Platz einfordern. Mitarbeiter, die den ganzen Tag in der Kundenöffentlichkeit freundlich und geduldig – »Kunde ist König« – arbeiten müssen, brauchen deshalb eigene vier Wände, Raum und Zeit, wo sie die Wut über lästige Fragen oder den Ärger über unberechtigt empfundene Reklamationen unbeobachtet verarbeiten können.

Intrigen und Informationsmangel

In vielen Unternehmen sind Intrigen an der Tagesordnung. Sie sichern Statuspositionen. Ihr wichtigstes »Kampfmittel« sind Informationen. »Wissen ist Macht« – diese Aussage gilt auch und gerade in Unternehmen. Vor allem in Führungsetagen wird ordentlich geklüngelt. Das kostet Zeit und Nerven und den Betrieb eine dicke Stange Geld. Denn wer nur damit beschäftigt ist, sich Informationen zu sichern und zu halten, sie meistbietend wieder in Umlauf zu bringen, um sich daraus irgendwelche Vorteile zu erschleichen, ist kein voll funktionsfähiges Betriebsmitglied, sondern ein erheblicher Störfaktor. Das Betriebsklima ist geprägt vom Gegen- statt vom Miteinander. Wer im Intrigenspiel um Macht und Anerkennung nicht mithalten kann, verläßt den Betrieb oder geht in die innere Emigration.

> *Johannes, 47, Maschinenbaufertigungstechniker:*
> »Wir fünf Kollegen sind ganz sicher nicht miteinander befreundet. Es bestehen eher gewisse Rivalitäten. Es ist bei uns genau wie in der Politik: Es werden Bündnisse geschmiedet,

es entstehen Intrigen. Es ist ein großer Konkurrenzneid. Vor eineinhalb Jahren fing ein Neuer bei uns an, der mein Vorgesetzter wurde. Es war auch noch jemand aus dem Betrieb da, der auch gerne diesen Posten gehabt hätte. Und ich natürlich auch. Bis dahin waren der aus dem Betrieb und ich sicher Rivalen. Durch den Neuen hat sich diese Situation aber schlagartig gebessert. Er wurde uns ja praktisch vor die Nase gesetzt. Dieser neue Mann ist für uns ein regelrechtes Schutzschild, denn alle haben sich auf ihn eingeschossen.«*

Klare und offene Informationspolitik ist oberstes Gebot eines Unternehmens. Schreiben, die an mehrere Personen gerichtet sind, sollten immer einen »Verteiler« auf dem Deckblatt tragen. Alle betroffenen Personen sollten auf demselben Informationsstand gehalten werden.

Führungskräfte sollten verhindern, daß einzelne Mitarbeiter vor anderen informiert sind. Dafür können die internen Kommunikationsmittel genutzt werden. Unternehmensrelevante Nachrichten, die alle Mitarbeiter und Mitarbeiterinnen angehen, sollten in dafür vorgesehenen Schaukästen, Mitarbeiterzeitschriften oder Rundschreiben herausgegeben werden, so daß sich alle gleichzeitig informieren können.

Vorgesetzte müssen rechtzeitig und regelmäßig informieren und die Informationsbedürfnisse der Beschäftigten ernst nehmen. Die Mitarbeiter ihrerseits sind verpflichtet, ihre Vorgesetzten über alle wesentlichen Vorkommnisse des eigenen Arbeitsbereiches zu unterrichten. Bei unzureichendem Informationsstand sind Führungskräfte allerdings verpflichtet, sich selbst um Informationen zu bemühen. Vorsicht: Es kann nicht über alles informiert werden, denn zu viele Informationen verwirren.

Konflikte mit Vorgesetzten

Wer seine Mitarbeiterinnen und Mitarbeiter nicht führen kann, fördert Mobbing. Ob Laissez-faire- oder der autoritäre Führungsstil, mit beidem will sich der Vorgesetzte schützen: Wer alles erlaubt und den Mitarbeitern jede Entscheidung selbst überläßt (laissez-faire), kann für keine falsche Entscheidung zur Verantwortung gezogen und kritisiert werden.

Auch durch das autoritäre Verhalten will der Vorgesetzte nicht in Frage gestellt werden.

Laura, 48, Schriftstellerin:
»Alle zitterten, wenn der Chef kam. Wenn irgend etwas schiefgelaufen war, dann jagten die Angestellten kreidebleich durch die Räume und versuchten, das wieder hinzukriegen. Er brüllte mit den einzelnen immer dermaßen, daß das ganze Haus es mitbekam. Und das ist ein wunderbares Mittel, Leute fertigzumachen. Alleine schon die Tatsache, daß ein erwachsener Mensch einen anderen erwachsenen Menschen anbrüllt, ist an sich schon ein Skandal. Und der eine muß es sich gefallen lassen, weil der andere das Geld gibt.«*

Herta, 44, Journalistin, ehemalige wissenschaftliche Assistentin:
»Aber es ist doch vollkommen klar, daß er auch Fehler machte. Wir hätten uns ganz einfach verständigen können, wenn ein Fehler entdeckt wurde. Aber das ging nicht. Er mußte deutlich machen: ich bin der Herr Professor, und meine Assistentin hat Mist gemacht. [...] Ich glaube, wenn jemand wirklich gut ist und seinen Job kann, hat er es nicht nötig, jemand anderen zu unterdrücken.«*

Führungsverhalten ist oft Ursache von Mobbing.

Laissez-faire-Führung: Bei Laissez-faire-Führung beginnen die Mitarbeiter schnell Machtspiele, um sich die attraktiven Positionen zu sichern. Wenn keine klar geregelte Führungsstruktur und Kompetenzverteilung in einem Unternehmen existiert, entsteht ein Machtvakuum. Die Mitarbeiter versuchen dann, die Machtverhältnisse untereinander abzuklären und geraten in Streit miteinander über Zielsetzung und Arbeitsweise. Sie glauben immer den Chef auf der eigenen Seite. (Fallbeispiel Schmuckabteilung: Sabine, Petra und Karla regelten aufgrund der mangelnden Führungskraft ihrer Abteilungsleiterin nicht nur ihre Arbeitszeit selbst, sondern gerieten auch in Konflikt über ihre Arbeitsweise – beraten oder verkaufen.) Sozial schwächere Mitarbeiter unterliegen in diesem Spiel. Ein »Machtwort« hätte hier Klarheit schaffen können.

Autoritäre Führung: Führungskräfte, die sehr autoritär führen, geben ihr Führungsverhalten nach unten weiter. Eine autoritär geführte Gruppe neigt dazu, die engen Arbeitsbedingungen möglichst weit auszuschöpfen. Ein neuer Mitarbeiter muß sich da einfügen; wenn er also schneller oder langsamer arbeitet als vorgeschrieben, macht er sich unbeliebt usw. Seine Abweichung von der Norm wird kritisiert und autoritär eingefordert.

Kooperative Führung: Wer Mobbing im Betrieb vermeiden will, wird versuchen, kooperativ zu führen, die Mitarbeiter aktiv in das Unternehmensgeschehen einzubeziehen, ihre berufliche Entwicklung zu fördern und ihnen auch im Berufsleben eine Möglichkeit zur Entfaltung der Persönlichkeit zu geben. Kooperative Führungskräfte sind aufgeschlossen gegenüber den Aufgaben und Zielen anderer Bereiche und bereit, auf einer sachlichen Basis zusammenzuarbeiten. Sie verlangen von den Mitarbeitern, Verantwortung zu übernehmen, ziel- und kostenbewußt zu handeln und durch persönliche Leistung zum Erfolg des Unternehmens beizutragen.

Das von den Führungskräften aufgebrachte Vertrauen und die Sympathie der Vorgesetzten schaffen eine leistungsstarke Atmosphäre, in der Mitarbeiter motiviert sind, ihr Bestes zu geben – das kann dann auch eine kritische Anregung zum Verhalten des Vorgesetzten sein. Dies ist aber positiv zu werten, da auch Führungskräfte dazulernen können und sollten.

Klaus, 45, Lektor:
»Der Mann, der mir die neue Stelle anbot, meinte zuerst, sie würde mich nicht interessieren, weil ich dort weniger verdiente als bei der letzten Stelle. Aber das war mir egal. Die Möglichkeit einen sicheren Arbeitsplatz zu kriegen, war mir das wichtigste. Hinzu kam noch, daß der Abteilungsleiter mir vom ersten Moment an sympathisch war. Es gibt ja sol-

che Sachen: wir sahen uns, wir mochten uns. Und er hat mir nicht einmal irgendwo reingeredet oder irgend etwas mies gemacht. Ich konnte meine Tätigkeit frei ausüben, sogar ausweiten. Er hat mich einfach machen lassen. Er gab mir das Gefühl, daß ich das kann. Ich konnte es ja auch. Das war es, was ich wollte. Das war mein Beruf. Das Vertrauen dieses Abteilungsleiters war natürlich genau das richtige für mich.«*

Streit und Konflikte mit Kollegen, Sympathien und Antipathien

Natürlich gibt es auch zwischen Kollegen Sympathien und Antipathien, auf die Vorgesetzte keinen Einfluß haben. Es gibt sogar so etwas wie eine geheime Betriebsmoral, ungeschriebene Gesetze, von denen die Führungskräfte meist gar nichts wissen: Zum Teil sind es intern vergebene Bagatellaufgaben wie Blumengießen (ein Amt, das durchaus verantwortungsvoll wahrgenommen werden kann), zum Teil sind es kleine Sonderrechte wie die »Privatisierung von Betriebseigentum« (wer »darf« was auch privat benutzen?). Solange sich alle Kollegen an diese Geheimgesetze halten, ist der Betriebsfriede sicher. Doch wehe, wenn nicht.

Gerade bei Betriebsfeiern werden oft rigide vertretene moralische Werte außer Kraft gesetzt. Aber am nächsten Tag geht's los: Hinter der Hand werden die Kolleginnen oder Kollegen, die derart über die Stränge geschlagen haben, mit »Flittchen« oder »Casanova« verunglimpft. Sie werden mit Blicken, Desinteresse, »Liebesentzug« oder Ausschluß aus der Gruppe bestraft.

Hier wäre es für Vorgesetzte wenig sinnvoll, sich einzumischen. Denn damit würde er oder sie versuchen, auf einen sozialen Bereich Einfluß zu nehmen, in dem Vorgesetzte nichts zu suchen haben. Allerdings dürfen die kollegialen »Strafmaßnahmen« kein Ausmaß annehmen, das den Arbeitsablauf behindert. Sind die sonstigen Arbeitsbedingungen, die Kompetenzen und Ansprüche an die Mitarbeiter klar formuliert und genügen auch die »schwarzen Schafe« diesen Anforderungen, so werden die »Hüter der Betriebsmoral« die betreffenden Kollegen nach einiger Zeit wieder tolerieren.

Wenn es wegen eines solchen Moralvergehens zu Mobbing kommt, spielen weitere Faktoren mit hinein.

Konkurrenzdruck

Konkurrenzdruck am Arbeitsplatz entsteht meist nicht von allein, sondern vor einem unsicheren Hintergrund. In einer Berliner Studie von 1986 wurden Arbeitnehmerinnen und Arbeitnehmer gefragt, ob sie folgende Statements für richtig halten (Antwort: Ja):

- Man muß in seinem Verhalten gegenüber Kollegen von vornherein deutlich machen, wer der Stärkere ist. (10 Prozent)
- Es ist erforderlich, im Berufsleben mit härteren Bandagen zu kämpfen. (22 Prozent)
- Man sollte zusehen, daß man sich durchsetzt, auch wenn das hier und dort auf Kosten anderer geht. (14 Prozent)

Die Zustimmung zu den drei Statements war dabei unabhängig vom Alter und beruflichen Status. Männer gaben allerdings etwas konkurrenzbezogenere Antworten als Frauen. Und Befragte, die während der letzten fünf Jahre einmal arbeitslos waren, tendierten im Vergleich zu Berufstätigen ohne Arbeitslosigkeitserfahrung eher zu einer nicht-kooperativen Haltung. Überdurchschnittlich häufig stimmten jedoch diejenigen den drei Aussagen zu, die befürchteten, während der nächsten zwölf Monate arbeitslos zu werden.

Es soll Vorgesetzte geben, die sich daraus einen Sport machen, Anerkennung und Lob zur Mangelware zu bestimmen. Aus der um Lob buhlenden Mitarbeiterschar ziehen sie dann eine tiefe Genugtuung. Ihr Verhalten grenzt an Idiotie:

Sie delegieren z.B. dieselbe Aufgabe an mehrere Mitarbeiter, um zu sehen, welcher sie am besten und schnellsten erledigt. Solche Machtspielchen sind äußerst gefährlich. Denn nur einer kann der Beste sein; die anderen sind frustrierte Verlierer und ziehen aus dieser Wettkampfsituation nur negative Gefühle, die sie am nächsten Tag demotiviert arbeiten lassen. Diese Art von Konkurrenz belebt nicht das Geschäft, sondern führt zu einem kontraproduktiven Gegeneinander, bei dem Zeit und Arbeitskraft ohne Sinn und Verstand verschwendet werden.

Wer seine Mitarbeiter optimal einsetzen will, sollte lieber gemeinsam mit den Angestellten Ziele festlegen, den dafür nötigen Arbeitsablauf organisieren und die Mitarbeiter im Wettbewerb mit ihren eigenen Ansprüchen arbeiten lassen. Sind die selbstgesteckten Ziele erreicht, sind alle zufrieden.

Unklare, widersprüchliche Aufträge

Unklare und/oder widersprüchliche Aufträge sind eine Frage der Kompetenz der Führungskraft, aber nicht nur. Es kann durchaus auch erfahrenen Vorgesetzten passieren, daß sie irrtümlich Aufgaben falsch weitergeben oder falsche Informationen geben. Das Problem beginnt, wenn den Angestellten nicht erlaubt ist, Rückfragen zu stellen.

Sind Vorgesetzte nicht in der Lage, die Aufgaben eindeutig und klar zu delegieren, und bestehen sie trotzdem in autoritärem Stil auf ihrer Unfehlbarkeit, dann führt das zweifelsfrei zu Konflikten und möglicherweise zu Mobbing. Denn wie soll ein Mitarbeiter, der nun im Konflikt mit sich selbst steht, reagieren? Gehorsam – dann ist die Aufgabe nicht zu erfüllen. Oder soll er im Sinne der Aufgabe beim Vorgesetzten nachfragen – dann verweigert er den vom Chef verlangten Gehorsam. In jedem Fall wird der jeweilige Arbeitnehmer versuchen, die »Schuld« auf andere abzuwälzen und steckt schon mittendrin im Mobbingteufelskreis.

Selbstsichere Führungskräfte werden deshalb die Eigeninitiative, Kreativität, Tatkraft und den Mut ihrer Mitarbeiterinnen und Mitarbeiter fördern und können sicher sein, daß das ihnen unterstellte Team widersprüchliche Aufträge sofort hinter- und bei unklaren Angaben nachfragen wird. Wer wirklich führen und delegieren kann, macht zwar auch Fehler, sorgt aber durch kompetente und motivierte Mitarbeiter für ausreichende Eigenkontrolle.

Monotonie und Langeweile

Monotonie am Arbeitsplatz macht müde; das ist eine Volksweisheit. Sie ist jedoch nur halbwahr. Denn auch Monotonie kann als unterhaltsam empfunden werden, wenn sie nicht langweilig ist. In einem Unternehmen sind einige monotone Aufgaben so geregelt, daß sie im Wechsel erledigt werden. Zu diesen Aufgaben gehört das Freistempeln der Ausgangspost. Niemand wird behaupten, daß diese Arbeit sehr anspruchsvoll oder gar abwechslungsreich ist. Trotzdem ist gerade dieser Job besonders beliebt: Die Mitarbeiter haben das Freistempeln zu einer Art Betriebssport erkoren, bei dem die Zeit gestoppt wird. Das Ziel ist, besonders viele Briefe in besonders kurzer Zeit zu stempeln. Hat wieder jemand einen neuen »Rekord« geschafft, wird herzlich gelacht und der neue »Superstempler« oder die neue »Superstemplerin« gefeiert.

Monotone Aufgaben werden nur dann problematisch und zum Krisenherd, wenn sie dauerhaft langweilig sind. Doch selbst monotone Fließbandarbeit wird nicht unbedingt als negativ empfunden. In Fabrikhallen ist nämlich der inhaltliche Anspruch an eine interessante und umfassende Arbeitsaufgabe nicht so stark entwickelt. Hier stellen die Mitarbeiter ganz andere Anforderungen an den Arbeitsplatz als Abwechslung und inhaltliche Ausgestaltung.

Untersuchungen ergaben: Arbeitnehmer in Positionen mit hohen qualifikatorischen Ansprüchen fühlen sich in ihren Kenntnissen und Fähigkeiten häufiger unterfordert als Arbeiter und Angestellte mit unkomplizierten, einfachen Arbeitsaufgaben.

Je stärker die Ansprüche an den Arbeitsinhalt entwickelt werden, je mehr sie auch tatsächlich gefordert und im Arbeitsprozeß angewandt werden könnten, umso schlimmer empfinden Beschäftigte auftauchende Monotonie – selbst wenn es sich gar nicht um immer dieselbe Arbeit handelt. Aufkommende Langeweile wird darum meist mit einer Rücknahme des Anspruchs verarbeitet.

Die Ansprüche zu senken, ist eine passive Form zur Bewältigung von Arbeitsbedingungen, die eine Verwirklichung höherer

Erwartungen nicht ermöglichen. Der anspruchslose Mitarbeiter in der inneren Emigration täuscht damit scheinbare Arbeitszufriedheit vor. In Wahrheit hat er nur resigniert. Breit angelegte Untersuchungen über das Verhältnis von Arbeit und Persönlichkeit haben gezeigt, daß diese resignative Bewältigung starke Auswirkungen auf die gesamte Persönlichkeitsstruktur der Arbeitnehmer hat.

Sind die intellektuellen und sozialen Entwicklungsmöglichkeiten der Persönlichkeit eingeschränkt, führt das nämlich auch zur Einschränkung der außerbetrieblichen, privaten Handlungsmöglichkeiten. Wer tagsüber keine Ansprüche mehr stellt, wird auch abends und wochenends nichts mehr vom Leben verlangen.

Eine klare Personalpolitik wird darum versuchen, die Beschäftigten gemäß ihren Qualifikationen und Fähigkeiten einzusetzen, sie aber nie zu unterfordern. Monotone Arbeiten werden am besten im Rotationsverfahren erledigt, so daß sie nicht zu Langeweile, sondern im Gegenteil zu Abwechslung führen.

Über- und Unterforderung

Überforderung: Überforderung ist selbstverständlich eine massive Belastung der Beschäftigten. Manchmal haben Mitarbeiter Wissen vorgetäuscht, das sie nicht haben, und trauen sich nicht, diese Hochstapelei einzugestehen. Oder es ist eine Frage des Alters oder der zu schnellen Karriere, warum sich Mitarbeiter von neuen Aufgaben überfordert fühlen.

In jedem Fall wurde versäumt, vor der Delegation von Aufgaben und Verantwortung zu prüfen, ob der Mitarbeiter über die erforderliche Sachkompetenz oder die notwendigen Informationen verfügt. Außerdem besteht keine Atmosphäre des Vertrauens zwischen Vorgesetzten und Mitarbeitern, in der einzelne Mitarbeiter ihre Schwierigkeiten artikulieren und um Hilfe bitten können.

Oft werden technische Innovationen, wie z. B. Computer, in Betrieben nicht durch entsprechende Weiterbildungsmaßnahmen und Schulungen vorbereitet. Die Mitarbeiter sehen sich vor neue, also fremde Aufgaben gestellt, bekommen keine Gelegenheit, ihre

Fähigkeiten auszuprobieren, sondern müssen auf Anhieb volle Leistung bringen und fühlen sich überfordert. Auch hier wird schnell ein Sündenbock gesucht. Da der technische Fortschritt unaufhaltsam ist, kann nur ein Kollege (der mit diesen neuen Geräten schon »so locker« umgeht ...) an den Schwierigkeiten »schuld« sein.

Durch eine frühzeitige, umfassende Aus- und Weiterbildung lassen sich die Ängste der Mitarbeiter vor technischen oder organisatorischen Neuerungen senken. Außerdem werden die Mitarbeiter dadurch zur aktiven, kompetenten Mitwirkung am Veränderungsprozeß befähigt. Die Schulungen sollten möglichst praxisnah und einfach sein. Durch Simulationen oder Übungsarbeitsplätze vor Einführung der Innovation kann man sich spielerische, und damit angstfrei an das zukünftige neue System gewöhnen. Hier erfahren die Mitarbeiter, daß auch die anderen Ängste und Unsicherheiten haben, und lernen offensiv mit ihren Fragen und Problemen umzugehen.

Unterforderung: Auch oder gerade Unterforderung kann zu Mobbing führen. Diese scheinbar optimale Gelegenheit zum Müßiggang, der »bezahlte Urlaub in der Arbeitszeit«, wirkt sich heimlich als Streßfaktor aus. Unterforderung heißt, daß ein Mitarbeiter oder eine Mitarbeiterin höhere Qualifikationen hat, als es die zugeteilte Aufgabe erfordert.

Qualifizierte Kräfte stellen aber an ihre Arbeit andere Ansprüche als unqualifizierte. Können sie ihre Qualifikationen sinnvoll anwenden und damit unter Beweis stellen, steigt ihr Selbstbewußtsein und ihre persönliche Integrität. Können sie ihre erworbenen Fähigkeiten dauerhaft nicht einsetzen, werden sie unterfordert, können sie ihre Persönlichkeit nicht entfalten. Zudem werden sie vermuten, daß ihr Arbeitgeber an ihren Fähigkeiten zweifelt und ihnen schwierigere Aufgaben »nicht zutraut«.

> *David, 40, Medienreferent einer Partei:*
> »Aber es entsteht auch Leere, wenn zu wenig zu tun ist. [...] Ich will von meinem Chef, daß er mich herausfordert, daß er sagt: Mache mal das, was noch nicht da war! Daß man auch selber eine Chance hat. Und daß die Leute sagen: Donnerwetter, das war aber eine Sache, an die man sich erinnert!«*

Obgleich Überforderung als Streßfaktor auf den ersten Blick überzeugender ist als Unterforderung, verhält es sich genau umgekehrt. Umfragen haben ergeben, daß sich nur ca. sechs Prozent der Beschäftigten überfordert fühlt. Eine wesentlich größere Gruppe von dreißig Prozent der Beschäftigten fühlt sich durch Arbeit unterfordert.

Allerdings wirkt sich diese Unterforderung auf Frauen und Männer unterschiedlich aus: Männer leiden mehr, Frauen weniger darunter; manche Frauen empfinden diese Unterforderung sogar als wohltuend und angenehm. Dieser zunächst erstaunliche Umstand läßt sich damit erklären, daß in unserer Gesellschaft sich immer noch viele Frauen weniger über ihren Beruf als über Familie und soziales Leben definieren. Der Statusverlust und die Verletzung des Selbstwertgefühls, die meist mit Unterforderung einhergehen (»mir wird wohl nicht mehr zugetraut«), trifft darum Männer stärker.

Das narzißtische Bedürfnis nach Selbstentwicklung oder Selbstverwirklichung wird nicht befriedigt. Der Mitarbeiter erfährt diese Unterforderung als Kränkung, reagiert mit Interesselosigkeit oder Aggressivität. Unterforderung kann darum stärker als Überforderung zu Mobbing führen.

Verantwortungsdruck

Schlechte Arbeit, die man gar nicht gemacht hat, verantworten zu müssen, ist für jeden unangenehm und macht krank: Nicht Verantwortung an sich ist hier Ursache für psychischen Streß, sondern die Erfahrung einer ungerechten Behandlung. Man sieht sich zum Sündenbock gestempelt, vom Vorgesetzten als Ausrede mißbraucht, oder in der Arbeit überfordert.

Marie, 30, Krankenschwester:
»Manche Ärzte haben einem abends zu verstehen gegeben, daß sie bitte nicht gestört werden möchten nachts. Damals hatte ich Hemmungen, weil ich nicht abschätzen konnte: Ist das jetzt gefährlich oder nicht? Ein Stechen in der Lunge

kann ein Zeichen für Embolie sein. Es kann aber auch nur eine Muskelzerrung sein. Holst Du den Arzt, sagt er, wenn es nur eine Muskelzerrung ist: ›Sagen Sie mal, können Sie das nicht beurteilen?‹ Und du stehst blöde da. Ist es eine Embolie, sagt er: ›Warum haben Sie mich nicht früher gerufen?‹ Man kann es eigentlich immer nur verkehrt machen.«*

Verantwortungsbereiche müssen klar gegliedert und strukturiert sein. Wer positiv in die Verantwortung genommen wird, also von vornherein weiß: »Ich bin für dieses Projekt verantwortlich« und motiviert und bereit ist, diese Verantwortung zu tragen, wird sich gut fühlen. Er oder sie hat damit die optimalen Voraussetzungen für eine erfolgreiche Auftragsbearbeitung.

Werden den Mitarbeitern nicht nur Aufgaben und Verantwortungsbereiche, sondern auch die zur Erfüllung der Aufgabe erforderlichen Kompetenzen und Entscheidungsspielräume eingeräumt, wird mit dem Wunsch nach Anerkennung und Selbstverwirklichung der Ehrgeiz wach, diese Aufgabe wirklich gut zu erfüllen. Gute Verantwortung motiviert:

Helke, 38, Chefsekretärin:
»Bei dem neuen Chef fühle ich mich nach all den Jahren der Herabsetzung wieder als Chefsekretärin. Er setzt voraus, daß ich selbständig arbeiten kann. Er ist ein unheimlich nüchterner, sachlicher Mann mit vielseitigem Wissen. [...] Die Arbeit macht mir wieder Freude. Ich werde wieder gebraucht. Ich fühle mich wieder voll akzeptiert. [...] Ich habe auch keine Angst, ihn irgend etwas zu fragen, was ich nicht verstanden habe. [...] Es ist ein verantwortungsvoller Beruf, den ich habe. Ich werde ganz sicher gebraucht. Es tut mir gut zu wissen, daß ich niemals von einer Woche auf die andere Urlaub nehmen könnte. Das heißt ja auch, daß ich nicht so schnell ersetzbar bin.«*

Isolation im Kollegenkreis – Isolation im Privatleben

Mitarbeiter, die im Betrieb vereinsamen, sind keine Seltenheit. Es gibt Unternehmen, in denen gehört Isolation der Angestellten zur Betriebsstrategie. Aus Angst vor Widerstand oder unlauteren Forderungen wird mit repressiven Maßnahmen jede mögliche Solidarität zwischen den Angestellten zerschlagen.

Doch durch diese »Strategie« wird das Betriebsklima stark gestört. Modernen Unternehmern ist längst klar, daß dies zu erheblichen Kosten für das Unternehmen führt, die weit über den zu erwartenden Lohnforderungen der Angestellten liegen. Doch auch unbewußt kann es durch ungeschickte Aufgabenverteilung oder schlechte Einteilung der Arbeitszeit zu unbeabsichtigter Isolation einzelner Mitarbeiter kommen.

Klare Absprachen, offene Personalpolitik und größtmögliche Flexibilität in der Zeiteinteilung seitens des Betriebes sind hier förderliche Maßnahmen, die der Isolation von Mitarbeitern vorbeugen können. Aufgaben, die zeitliche oder räumliche Isolation verlangen, sollten durch Job-Rotation erledigt werde, so daß sich der psychosoziale Streßfaktor »Isolation« auf möglichst vielen Schultern verteilt.

Zu sozialer Isolation kann auch das Versäumnis der Vorgesetzten führen, ihre neuen Mitarbeiter in das kollegiale Betriebssystem einzuweisen.

> *Laura, 48, Schriftstellerin:*
> »Mein Chef hat mich niemandem im Kollegenkreis vorgestellt. Auch den Mitarbeitern in den anderen Abteilungen hat er mich nicht vorgestellt, was für die Zusammenarbeit so notwendig gewesen wäre. Er setzte voraus, daß das vom ersten Tag an von selbst funktionierte.«*

Erfahrungsgemäß sind Vorgesetzte nicht die beste Person, um neue Mitarbeiter einzuarbeiten, schon allein weil sie über die ungeschriebenen Betriebsgesetze und kollegialen Abmachungen oft gar nicht Bescheid wissen. Zudem können sie manche Tips (z.B. »wie man mit dem Chef am besten umgeht, wenn er schlechte Laune hat«) aus ihrer Position gar nicht geben.

Deshalb ist der beste Weg, neuen Mitarbeitern in der Anfangszeit einen »Paten« an die Seite zu stellen. Der Pate wird vor dem ersten Arbeitstag des neuen Mitarbeiters von allen Kollegen gemeinsam aus dem Team ausgesucht. Er oder sie bekommt für die Einarbeitung des neuen Kollegen besondere Kompetenzen und zeitliche Freiräume und steht dafür dem Neuen zur Verfügung. Der neue Mitarbeiter weiß dann genau, an wen er sich mit Fragen richten kann, und der Pate hat Zeit und Ruhe, verantwortungsbewußt darauf zu antworten.

Fehlende Identifikationsmöglichkeiten mit dem Unternehmen und seinen Zielen

Sind die Ziele eines Unternehmens allen Mitarbeiterinnen und Mitarbeitern klar und einleuchtend, und haben die Angestellten genau wie die Führungskräfte ein Bewußtsein der Unternehmensphilosophie, hat ihre Arbeit einen »höheren« Sinn: Die Arbeit jedes einzelnen Mitarbeiters wird in einen umfassenden Zusammenhang gestellt. »Ich weiß, wofür ich arbeite«. Die Solidarität und Kollegialität ist dadurch schneller gefunden, denn alle ziehen an einem Strang. Fehlt dieses gemeinsame Ziel und »wurschtelt« jeder nur so vor sich hin, sinkt die Motivation und die Arbeitsfreude. Eventuell entstehen auch Konflikte, da einzelne Mitarbeiter unterschiedliche Ziele verfolgen.

Wenn obendrein die Anerkennung durch Vorgesetzte ausbleibt, scheint die eigene Arbeit vollkommen sinnlos. Um sich nicht von sich selbst und den persönlichen Zielen zu entfremden, geht der Mitarbeiter auf Distanz zum Unternehmen. Jede Art von Einsatz wird nur gezeigt, wenn er sich sofort und direkt »rentiert«.

Johannes, 47, Maschinenbaufertigungstechniker:
»Etwas ändern kann ich sowieso nicht, also muß ich es hinnehmen. Der Mißstand ist der, daß man sich gar nicht geachtet fühlt von der Geschäftsleitung. Man wird nicht gelobt, man wird nicht getadelt. Man kriegt gar keine Resonanz. Deshalb stelle ich mir manchmal die Frage: Mensch, was

sollst Du überhaupt hier? Jeder Mensch muß doch das Gefühl der Anerkennung haben. Wenn man zusammen zum Beispiel abends länger gemacht hat, daß die sich von der Geschäftsleitung mal sehen lassen, daß man mal ein paar Worte zusammen spricht. Es geht ja nicht nur ums Geld.

Es gibt bei den Mitarbeitern keinen Stolz auf die Firma. Keiner sagt zum Beispiel »bei uns«, sondern sie nennen alle den Namen der Firma. Das sagt ja eine Menge aus. Man geht auf Distanz.«*

Symptome – Woran läßt sich Mobbing im Betrieb erkennen?

Unternehmer und verantwortliche Führungskräfte, die den Kostenfaktor »Psychoterror« oder »Kleinkrieg« im Betrieb ausräumen wollen, werden sich fragen, woran sie erkennen, daß in ihrem Betrieb gemobbt wird. Bei welchen Symptomen sollte man spätestens anfangen, zu überlegen, ob es Mobbing im Betrieb gibt?

Der Verlauf eines Mobbingkonfliktes und seine Alarmsignale

Mobbing ist kein plötzliches Ereignis oder ein Betriebsunfall, der wie eine unerwartete Naturkatastrophe über die Arbeitnehmer hereinbricht. Mobbing ist ein langwieriger Prozeß, der in den verschiedenen Phasen auch unterschiedliche Symptome zeigt. Beschreiben wir darum zuerst die Entwicklungsstufen von Mobbing:

Erste Mobbingphase
In der ersten Mobbingphase wird versucht, ungelöste Konflikte auf wirkungsvolle Art zu lösen bzw. zu umgehen. Es wird nicht sachlich diskutiert, sondern »mit allen Mitteln« gekämpft. Zwischen allen Konfliktpartnern besteht ein Kräftegleichgewicht.

Zweite Mobbingphase
Hat das noch keinen Erfolg, beginnt die zweite Mobbingphase: Der ursprüngliche, meist sachliche Konfliktauslöser

ist schon vergessen. Die aggressiven Verhaltensweisen aus der Konfliktzeit werden beibehalten, aber als lästig empfunden. Es wächst der Wunsch, endlich »Ruhe« zu haben, und die Bereitschaft zur gegenseitigen Rücksichtnahme sinkt. Ein Konfliktpartner zeigt Schwächen, verliert an Widerstandskraft und kann auf die Angriffe nichts mehr erwidern. Meist werden dann mehrere Kritikpunkte gegen ihn vorgebracht.

Dritte Mobbingphase
In der dritten Phase gibt der nunmehr passiv Mobbende seinen Widerstand auf und überläßt den anderen die Aktivität. Die aktiv Mobbenden verlieren den Respekt vor ihrem Gegenüber, überschreiten seine persönlichen Grenzen und können ihn nicht mehr als gleichwertig akzeptieren.

Vierte und letzte Mobbingphase
In der Schlußphase übernimmt der Gemobbte die Sichtweise der Mobber und wird über seine »Wertlosigkeit« depressiv und verzweifelt; er oder sie wird aus der Gruppe/dem Unternehmen ausgestoßen oder flüchtet (wird krank/kündigt/begeht Selbstmord). Die Mobber fühlen sich in der Beurteilung des »minderwertigen« Kollegen bestätigt und ihr Verhalten im nachhinein doppelt gerechtfertigt.

Am leichtesten ist Mobbing zu erkennen, wenn schon alles zu spät ist: in der vierten und letzten Phase. Aber selbst dann ist nicht zwangsläufig offensichtlich, daß im Vorfeld Mobbing stattgefunden hat. Genaues Nachfragen und Gespräche mit Kollegen des auffällig gewordenen Mitarbeiters sind auf jeden Fall hilfreich.

Sichtbar sind folgende Symptome:

Selbstmord/Selbstmordversuch

Bei einem Selbstmord oder Selbstmordversuch schreckt meist die ganze Umgebung überrascht auf. Dabei gibt es in der Regel schon vorher Ankündigungen oder Drohungen. Viele Suizidgefährdete geben die Verantwortung für ihren autoaggressiven Akt anderen, die sie entweder im Vorfeld oder im Abschiedsbrief beschuldigen:

> *Marie, 30, Krankenschwester:*
> »Das war eine Zeit in meinem Leben, wo ich wirklich selbstmordgefährdet war; ich dachte, ich möchte jetzt die Leute, die mich hier so quälen, bestrafen, indem ich aus dem Fenster springe, damit sie begreifen, wie schlecht es mir geht.«*

Einem Selbstmord/Selbstmordversuch vorausgegangene oder begleitende Anschuldigungen und Drohungen sind eindeutige Hinweise für ungelöste Konflikte oder Mobbing. Der Selbstmord/Selbstmordversuch selbst ist der Beweis für ein nicht funktionierendes soziales System. Denn wie sonst kann es passieren, daß jemand am Arbeitsplatz so isoliert ist, daß niemandem seine verzweifelte Verfassung auffällt? Die schlechte psychosoziale Situation am Arbeitsplatz ist sicher nicht die einzige Ursache, aber in einem guten Betriebsklima wird ein suizidgefährdeter Mensch immer auffallen und Unterstützung finden.

Sucht

Suchtverhalten gibt es in vielen unterschiedlichen Ausprägungen. Sie verbindet miteinander entweder ihre »auffällig unauffällige« Heimlichkeit oder ein besonders offensiver, geradezu plakativer Umgang mit der Sucht.

Frauen und Männer neigen zu unterschiedlichem Suchtverhalten. Als typisch weibliche Süchte gelten Mager- und Fettsucht, Bulimie (abwechselndes »Fressen und Spucken«) und Tablettenmißbrauch; als typisch männliche Süchte gelten zwanghafte Wett- und Glücksspiele oder Arbeitssucht, Alkohol- und Drogenmißbrauch.

Menschen, die in irgendeiner dieser Formen süchtig werden, leben meist im Gefühl von starker Abhängigkeit und Überforderung; diesem Gefühl des Ausgeliefertseins versuchen sie »heimlich« zu entkommen: Durch die Betäubung der Sinne entfliehen sie der körperlichen »Zwangsanwesenheit«.

Während ein Selbstmordversuch ein ultimativer Hilferuf und Anklageschrei, gewissermaßen der letzte »Verteidigungsversuch« ist, nehmen Süchtige den Kampf um Selbstbehauptung gar nicht mehr auf.

Auch hier gilt, daß Mobbing und die schlechte psychosoziale Situation am Arbeitsplatz nicht unbedingt Ursache für das Suchtverhalten sind. Findet aber das regelmäßige Zwangsverhalten keine kritische oder hilfsbereite Aufmerksamkeit, weil das Betriebsklima nicht stimmt, kann die Situation am Arbeitsplatz die Symptome verstärken.

Kündigung

Nicht hinter jeder Kündigung verbirgt sich ein Mobbingfall; aber dennoch sollten Arbeitgeber ihre ehemaligen Mitarbeiter genau nach den Motiven ihrer Kündigung befragen. Nicht selten handelt es sich nämlich um eine Flucht aus einem unerträglichen sozialen Betriebsnetz.

Statt also eine Kündigung als persönlichen Affront gegen sich und das Unternehmen zu betrachten, sollte auch im vielleicht letzten Gespräch mit einem Mitarbeiter nach den Ursachen der Kündigung gefragt werden. Oft haben die »Flüchtigen« erst dann den Mut, offen über die innerbetrieblichen Probleme zu sprechen.

Welche Symptome gibt es in der zweiten und dritten Mobbingphase?

Auch in der zweiten und dritten Phase von Mobbing gibt es zahlreiche Symptome, die einem aufmerksamen Beobachter nicht entgehen dürften. Nicht hinter jedem Symptom steckt wirklich Mobbing, aber es lohnt sich, genauer dahinterzuschauen und Gespräche mit Betroffenen und Kollegen zu führen.

Erfahrungsberichte – Beschwerden über persönliche Verletzung

Am leichtesten ist Mobbing zu erkennen, wenn sich ein Mitarbeiter oder eine Mitarbeiterin über Angriffe der Kollegen beschwert. Obwohl im seltensten Fall die Rede von Mobbing ist, wird doch häufig in Gesprächen mit den Vorgesetzten auf ein gespanntes Verhältnis in der Abteilung hingewiesen. Das sollten Unternehmer und Vorgesetzte unbedingt ernst nehmen.

Fehlzeiten

Das zweitwichtigste signifikante Symptom heißt »Fehlzeiten«. Viele Arztbesuche, häufige Krankschreibungen eines Arbeitnehmers sollten Vorgesetzte aufhorchen lassen. Natürlich sind die meisten Menschen wirklich krank, die Frage ist nur: warum? Führungskräfte sollten darum das Verhalten von Mitarbeiterinnen und Mitarbeitern mit vielen Fehlzeiten nicht daraufhin kritisch prüfen, »was der oder die sonst noch alles falsch macht«, sondern das Umfeld mitbeobachten: Ist der Mitarbeiter bei den Kollegen beliebt? Gibt es viel Streit in dieser Abteilung? Mit wem geht der Mitarbeiter in die Kantine? Wer begleitet ihn in die Zigarettenpause? usw.

Es könnte sich um einen Fall von Mobbing handeln!

Herta, 44, Journalistin:
»Nach meiner Kündigung hörten die Ohnmachten schlagartig auf. Auch die Migräne. Die habe ich danach nie mehr gehabt. Ich konnte es einfach nicht glauben. Ich war die letzten zwei Jahre, in denen ich noch an der Uni arbeitete, in permanenter ärztlicher Behandlung. Meine Hausärztin hat mir immer gesagt: Sie sind nicht krank. Ihre ganze Krankheit ist Ihr Job. Und ich habe immer gedacht: Die spinnt. Und heute, wo ich bedeutend mehr Streß habe als freie Journalistin, geht es mir gut.«*

Bei Mobbing kann Krankheit ein Hilferuf sein oder aber auch als Racheakt dienen, wenn der Mobbingpartner der eigene Vorgesetzte ist:

Laura, 48, Schriftstellerin:
Der Chef betrachtete mich, die ich immerhin Akademikerin und Geschäftsführerin war, als seine persönliche Sekretärin. Und das ging nicht. Ich habe versucht, ihm das klarzumachen, indem ich vieles unterlief. Aber das führte zu Konflikten. Ich muß allerdings sagen, daß ich nicht offen gekämpft habe. (...) Wenn ich den Druck von oben spüre, versuche ich mich zu rächen. Wenn jemand zu mir sagt: Du mußt, dann höre ich auf zu funktionieren. Dann werde ich plötzlich vor einer wichtigen Sitzung krank. Und dann muß er alleine fertig werden. Und er ärgert sich darüber, und ich freue mich.«*

Streitereien, aggressives Verhalten, Machtspiele

Hinter Mobbing können natürlich auch zielgerichtete Intrigen stecken. Es wird viel getuschelt, doch wenn jemand Fremdes in die Abteilung kommt, hört das Gespräch plötzlich auf. Oder es wird – auch den Vorgesetzten gegenüber – schlecht über eine dritte Person geredet. So richtig die Vorwürfe auch sein mögen, es ist immer wichtig zu überprüfen, ob die Konflikte offen oder verdeckt ausgetragen werden, ob die »Petzereien« oder Beschwerden Teil einer ganzen Diffamierungskampagne oder ernst und ehrlich gemeinte Konfliktlösungsstrategien sind.

Häufige Streitereien oder wütender Widerstand gegen geäußerte Kritik können Indizien für einen schwelenden Mobbingkonflikt sein. In hierarchischen und autoritär geführten Strukturen gibt es immer wieder die sogenannten »Radfahrer«, die nach oben buckeln und nach unten treten. Wenn sich bei Konflikten keine sachliche Lösung finden läßt, kann das ein Signal für Mobbing sein.

Sogar heftige Wutausbrüche, die sich jähzornig und destruktiv gegen Sachen oder sogar Menschen richten, können eine Reaktion eines verzweifelten Mobbingopfers sein oder eine Attacke eines brutalen Mobbers.

Hans, 24, Bäckergeselle:
»Eines Morgens kam ich in die Backstube, und der Geselle muß wohl wieder heimlich auf dem Klo gewesen sein, und darüber waren die Croissants verbrannt. In der Backstube lag unser Waschbecken total zertrümmert. Da hatte der Chef in seiner Wut einen Kessel nach dem Gesellen geworfen, der Gott sei Dank das Becken getroffen hatte. Ich weiß, daß der Chef ein totaler Choleriker war, und daß er ab und zu ausrastete, war normal, aber das mit dem Becken hat mich doch erschreckt. Ich habe auch schon mal einen Arschtritt von dem Chef bekommen, aber Angst hatte ich deshalb nicht vor ihm. Es war eher die Erniedrigung, die ich empfunden habe, die mich verletzt hat. Ich kam mir vor wie ein Stück Scheiße.«*

Isolation einzelner

Wer mit wem mittags in die Kantine geht, oder wer mit wem nach Feierabend gemeinsam nach Hause fährt, geht Vorgesetzte eigentlich recht wenig an. Wenn jedoch ein einzelner Mitarbeiter immer einsam und verlassen im Betrieb herumläuft, allein in die Pause geht und selten mit einem anderen ein persönliches Wort wechselt, dann könnte das ein Signal für Mobbing sein.

Die kontinuierliche Ausgrenzung einzelner gehört zum typischen Mobbingverlauf. Bekommt also jemand Applaus, wenn er einen Kollegen beschimpft, oder findet andersherum jemand keine Unterstützung durch Kollegen oder Vorgesetzte bei persönlichen Diffamierungen, dann sollte der Konflikt genauer angeschaut werden.

Innere Emigration

Die Innere Kündigung in einer Firma ist selbst für Außenstehende zu erkennen: mißmutige Gesichter, keine freundliche Begrüßung und eine mehr oder weniger lieblose, unpersönliche Gestaltung der Arbeitsplätze zeigen die fehlende Begeisterung für diesen Betrieb. Ein Mensch, der innerlich gekündigt hat,

- bringt keine eigenen Ideen, Vorschläge und Kritik ein.
- hat kein Interesse mehr an Auseinandersetzungen.
- ist stets bei der Mehrheit zu finden (Mitläufer).
- stimmt den Entscheidungen des Chefs zu oder nimmt sie kommentarlos hin.
- schöpft seine Kompetenzen nicht mehr aus.
- nimmt Eingriffe in seinen Delegationsbereich ohne Protest hin.
- fehlt zunehmend wegen Krankheit oder Familienangelegenheiten.

> *Klaus, 45, Lektor:*
> »Ich habe oft darüber nachgedacht, ob ich den Krempel hinschmeißen soll, einfach wegen der Unmenschlichkeit im Umgangsstil. Der Chef ist wie ein absoluter Herrscher, der sich jemanden hält, mit dem er für eine relativ gute Bezahlung beliebig umspringen kann. (...) Da gibt es nur eine Möglichkeit, entweder daran kaputtzugehen oder in die ›innere Emigration‹ zu gehen und dafür 5 000 Mark im Monat zu kassieren.«*

Sexuelle Belästigung

Sexuelle Anmache ist eine besondere Form von Mobbing.

Sexuelle Belästigung am Arbeitsplatz hat vorrangig mit dem in unserer Gesellschaft verankerten Rollenverständnis von Männern und Frauen zu tun; sexuelle Belästigung ist deshalb eine besondere, geschlechtsspezifische Form von Mobbing. Männer drücken ihre Macht oder Machtansprüche auch durch Sexualität aus; es geht also bei sexueller Belästigung gar nicht unbedingt immer um die sexuelle Befriedigung, sondern oft stärker um Machtergreifung. Jemand, der Frauen belästigt, wird Männer mobben. Auch in Fällen der sexuellen Belästigung sollte ein Unternehmer versuchen, die psychosozialen Arbeitsbedingungen der Belästigten und des Belästigenden zu erforschen.

Zu diesem Thema gibt es zahlreiche Untersuchungen, die sich mit den besonderen Problemen der sexuellen Belästigung beschäftigen und wie man darauf reagieren kann. Bei sexuellen Übergriffen sollten auf jeden Fall alle Beschwerden anonym in einer dafür vorgesehenen Anlaufstelle durch eine Frauenbeauftragte oder eine sonstige Vertrauensperson gesammelt werden, um den Frauen den nötigen Schutz zu bieten. Häufen sich Beschwerden über einen bestimmten Mitarbeiter, ist es unbedingt nötig, hier Maßnahmen zu ergreifen, die jedoch von der Art der Vorwürfe abhängen.

Ängste, Orientierungslosigkeit, Depression

Die Angst vor mobbenden Arbeitskollegen drückt sich im Regelfall durch Angst vor speziellen Aufgaben aus. Die schlechten Erfahrungen der Gemobbten mit den Mobbern wurden ja bei bestimmten Arbeiten gemacht, denen man nun lieber aus dem Weg geht. Lehnt also eine Mitarbeiterin eine ihr zugewiesene Aufgabe ab oder zeigt ohne Anlaß eine verängstigte Reaktion, könnte das ein Hinweis auf Störungen im psychosozialen Umfeld sein.

Häufige Verspätungen an bestimmten Tagen können ebenfalls ein Signal für Angst vor bestimmten, regelmäßig wiederkehrenden Arbeiten sein, die einem Mobber Gelegenheit für einen neuen Angriff geben.

Auch die panikartige Orientierungslosigkeit vor bestimmten Aufgaben ist ein deutliches Signal für schwelende Konflikte. Steht sie in Verbindung mit einer eher depressiven Zurückhaltung im Verhalten, ist das fast ein untrügliches Zeichen für psychosoziale Spannungen am Arbeitsplatz.

Sprachlosigkeit

Wenn ein Mobbingkonflikt aufgedeckt wird, zeigt sich erfahrungsgemäß bei allen Mobbingopfern ein großes Bedürfnis, darüber zu reden, worüber sie vorher hartnäckig geschwiegen haben: Sie sprechen über die Angst, die Demütigungen, die Verletzungen. Die meisten wundern sich darüber, daß sie plötzlich ausdrükken können, was sie die ganze Zeit nur gefühlt hatten, aber nicht benennen konnten.

Durch die im Konflikt »ausnahmsweise« gewählten Verhaltensformen entsteht bei Mobbing ein »Inselcharakter«. Durch die Isolation während der alltäglichen Arbeiten fehlen deshalb plötzlich auch oft die Worte, um das Erlebte auszudrücken. Nicht nur die Erfahrungen und Verhaltensweisen scheinen unerklärlich, auch die Worte, die das Geschehen beschreiben könnten, wirken absurd.

> *Greta, 35, Werbeassistentin:*
> »Was immer ich machte, es war falsch und wurde immer falscher, je länger es dauerte. Je mehr sie mich dann auch rügte, um so größer wurde die Angst, daß ich es nicht pakken würde. Zum Schluß war es so, daß ich gar nicht mehr reden konnte. Ich brachte keine richtigen Sätze zusammen.«*

Was kann man tun, um Mobbing frühzeitig zu erkennen?

In der Frühphase wird es kaum Anzeichen für die Zeitbombe »Mobbing« geben. Nur sehr geübte Augen und Ohren werden schwere von leisen, harmlosen Konflikten unterscheiden können und Verhaltensweisen durchschauen. Doch nach relativ kurzer Zeit gibt es untrügliche Anzeichen, daß im Betriebsklima etwas nicht stimmt. In der Regel werden die Veränderungen jedoch aus Nachlässigkeit nicht wahrgenommen oder verharmlost. Wer aber einmal das Bewußtsein für die Bedeutung von Mobbing gewonnen hat, wird auch auf eher geringfügige Verhaltensveränderungen im Umgang der Angestellten miteinander schneller aufmerksam werden. Es ist also wichtig, zunächst seine Aufmerksamkeit auf mögliche Störungen zu richten.

Es gibt zehn Grundregeln, die es Führungskräften erleichtern, auf Störungen in ihrem Unternehmen und in ihrer Abteilung aufmerksam zu werden:

- Gehen Sie mit offenen Augen durch den Betrieb.
- Nehmen Sie sich Zeit, auch für »Klatsch und Tratsch«.
- Schaffen Sie Gelegenheiten und die Atmosphäre für entspannte und offene Gespräche.
- Gehen Sie an die Arbeitsplätze Ihrer Mitarbeiter, um mit ihnen zu reden.
- Vermeiden Sie jedoch unbedingt das Instrument »Information durch Intrigen«!!
- Vermitteln Sie in der Begegnung mit ihren Beschäftigten Vertrauen. Reden Sie weniger, hören Sie mehr zu.
- Hören Sie genau zu, achten Sie auf Nuancen in den Berichten über Kollegen.
- Akzeptieren Sie die Gefühle, Ängste und Beobachtungen Ihrer Mitarbeiterinnen und Mitarbeiter.
- Versuchen Sie, sich in Ihre Mitarbeiter hineinzuversetzen.
- Behalten Sie Vertrauliches für sich, aber zögern Sie nicht – wenn Sie Anlaß dafür haben –, Mitarbeiter für Ihr Verhalten zur Rede zu stellen. Aus den Antworten ergeben sich meistens Hinweise auf die wirklichen Ursachen von Konflikten.

Mobbing entdeckt – was tun?

Vor den eigenen Augen zermürben sich die Mitarbeiter gegenseitig durch psychologische Kriegsführung, und es fällt sogar die beste Mitarbeiterin dem Psycho-Terror zusehends zum Opfer. Plötzlich begreift man, daß die Produktionsfehler nicht grundlos, daß die beobachtete Einsamkeit einer Mitarbeiterin nicht zufällig und das Getuschel der Kollegen nicht freundschaftlich ist. Und nun?

Problem erkannt, Problem gebannt? Nein, leider nicht. Wer aufgrund der beschriebenen Symptome auf einen Mobbingfall in seinem Unternehmen aufmerksam wird, hat den kollegialen Kleinkrieg damit noch nicht beendet.

Die spontanen Reaktionen wie wohlmeinendes Helfen oder autoritäres Verbieten nützen bei Mobbing nichts.

Aus der eigenen Hilflosigkeit entsteht ein Konflikt mit dem eigenen Gewissen, den viele dadurch lösen, daß sie wieder wegkukken, ihre Wahrnehmung verändern, vergessen, verdrängen. Sie werden zu »Möglichmachern« und zu »Mitmobbern«, durch deren Schweigen und Passivität die Konfliktschraube sich fester und fester um den Hals der Schwächeren dreht.

Andere bemühen sich zu helfen und machen dabei alles noch schlimmer ... wie die Geschäftsführer der Computerfirma in unserem zweiten Fallbeispiel. Sie hatten ja alles so gut gemeint. Aber daß ihre freundlichen Maßnahmen zur Unterstützung und zu einem Teil des Mobbingkonfliktes wurden, hatten sie nicht gemerkt.

Wieder andere mischen sich ein. Sie ermahnen die vermeintlichen Täter, appellieren an deren Moral und Gewissen, fordern sie auf, weniger bösartig zu sein und stellen sich schützend vor das vermeintliche Opfer. Kraft Autorität wird der Konflikt verboten, die Streithähne getrennt (z.B. in andere Abteilungen versetzt) und der Betrieb zu Ruhe und Ordnung gebracht.

Doch leider setzen diese Maßnahmen nicht an den Ursachen an, ihre Wirkung ist nicht von Dauer. Kaum kehrt die innerbetriebliche Sittenpolizei den Streithähnen den Rücken zu, beginnt der Kampf aufs neue – im Zweifel noch subtiler und versteckter, damit diesmal niemand außer dem Mobbinggegner etwas merkt.

Juristische Lösungsschritte

Manche Unternehmer, aber auch manche Kollegen meinen, daß für Mitarbeiter keine Grundrechte mehr gelten. Der vielerorts pointiert formulierte Firmen-Spruch: »Uns kann man nicht kündigen, Sklaven kann man nur verkaufen« zeugt von einer verinnerlichten »Entrechtung« der Arbeitnehmer.

Dabei gilt auch am Arbeitsplatz: jeder Arbeitnehmer hat neben den allgemeinen Persönlichkeitsrechten das Recht der persönlichen Ehre, das Recht auf körperliche Unversehrtheit und das Recht auf freie Entfaltung der Persönlichkeit; auch bei erschwerten Arbeitsumständen oder einer Benachteiligung, die von Vorgesetzten ausgeht. Darunter fallen insbesondere Beleidigungen und sexuelle Belästigung.

Mobbing verletzt diese Grundrechte. Viele Mobbingopfer denken inzwischen daran, beim Staat eine gerechte Beurteilung und gegebenenfalls eine Bestrafung der »Täter« einzuklagen. Sie machen sich auf den Rechtsweg. Doch der ist lang.

Bislang hat noch keinerlei Rechtsstreit unter dem Stichwort »Mobbing« stattgefunden. Vielmehr wurden höchstens eine oder mehrere Detailhandlungen aus dem als »Mobbing« meist gar nicht erkannten Konfliktverlauf isoliert zur Anklage gebracht, z.B. die Zuweisung einer gefährlichen Arbeitsaufgabe oder eine beleidigende Äußerung.

Nicht alles ist erlaubt, was gefällt. Gemobbte und Mobber, aber auch – am Mobbing evtl. gar nicht direkt beteiligte – Arbeitgeber haben gewisse Rechte und Pflichten, die in einem Mobbingfall relevant werden könnten.

Die Rechte und Pflichten der Arbeitgeber

Nach Expertenansicht sollten Arbeitgeber nicht allein aus ethischen und ökonomischen Interessen vorbeugende Maßnahmen gegen Mobbing veranlassen, sie sind sogar – gemäß Betriebsverfassungsgesetz – zu diesen Maßnahmen verpflichtet:

»Dies ergibt sich einmal aus der allgemeinen Fürsorgepflicht des Arbeitsgebers und ihrer Konkretisierung in § 75 II BetrVG, der den Arbeitgeber verpflichtet, auf eine positive Gestaltung der Arbeitsbedingungen zur freien Persönlichkeitsentfaltung hinzuwirken, zum anderen aber auch aus § 75 I BetrVG, soweit er vorschreibt, darüber zu wachen, daß jeder Arbeitnehmer nach den Grundsätzen von Recht und Billigkeit behandelt wird.«[2]

Das bedeutet, daß der Arbeitgeber dazu verpflichtet ist,

- Vorgesetzte darauf hinzuweisen, Mobbing zu unterlassen und zu unterbinden.
- innerhalb einer bestimmten Frist einer Beschwerde über Mobbing nachzugehen und darüber zu entscheiden. Lehnt er die Beschwerde ab, muß er die Entscheidung begründen. Hält er die Beschwerde für richtig, muß er für Abhilfe sorgen. Im Zweifelsfall kann sich der Arbeitgeber an ein Arbeitsgericht wenden.

Außerdem ist er dazu berechtigt,

- im Betrieb bekanntzumachen, daß Mobbingverhalten unerwünscht ist.
- Arbeitnehmer im Rahmen seines Weisungsrechtes zur Teilnahme an entsprechenden Weiterbildungsseminaren (z.B. »Menschenführung« oder »Konfliktbewältigung«) zu verpflichten.

---

2 Hase, Karl von: Belästigungen und Beleidigungen des Arbeitnehmers durch Vorgesetzte; Universität Heidelberg: 1991/92.

- eine Betriebsvereinbarung mit verbindlichen Verhaltensvorschriften gegenüber Mobbern und Mobbing abzuschließen. Hierbei hat der Betriebsrat, je nach Inhalt der Vereinbarung, gewisse Mitbestimmungs- bzw. sogar Initiativrechte.

Allerdings ist die Zulässigkeit von Vereinbarungen über innerbetriebliche Sanktionen bei Fehlverhalten umstritten. Es kann also nicht ohne weiteres beschlossen werden, daß »erwischten Mobbern« irgendwelche Strafen auferlegt werden. Mögliche Sanktionen, die allerdings in jedem Fall nur unter Einhaltung bestimmter Verfahrensformen vollzogen werden dürfen, wären mündliche Verwarnung, schriftlicher Verweis, Geldbuße und Entlassung. Die Geldbuße darf einen Tagesverdienst nicht überschreiten. Das Verfahren unterliegt aber im vollen Umfang der gerichtlichen Prüfung.

Aufgrund der Fürsorgepflicht muß der Arbeitgeber einen bekanntgewordenen Mobbingfall nach Möglichkeit aufklären. Dazu sollte der Arbeitgeber den betroffenen Arbeitnehmer, dessen Arbeitskollegen und den beschuldigten Mobber anhören. Kommt der Arbeitgeber zu dem Schluß, daß ein Mobbingfall vorgelegen hat, so muß er reagieren: d.h. er kann, je nach Schwere des Falles, zur Teilnahme an Schulungsveranstaltungen verpflichten, zur Abmahnung, Versetzung oder ordentlichen Kündigung bis hin zur fristlosen Kündigung greifen.

Die Rechte und Pflichten der Arbeitnehmer

Der Arbeitnehmer ist dazu verpflichtet,

- Handlungen zu unterlassen, die die Persönlichkeitsrechte, das Recht auf körperliche Unversehrtheit, das Recht der persönlichen Ehre und das Recht auf freie Entfaltung der Persönlichkeit seiner Kollegen verletzen.

Er ist dazu berechtigt,

- vom Kollegen oder Vorgesetzten zu verlangen, daß er seine Mobbinghandlungen unterläßt.

- sich mit einer Beschwerde an den Arbeitgeber zu wenden. Dieser ist wiederum verpflichtet, innerhalb einer angemessenen Frist über die Beschwerde zu entscheiden (s.o.). Diese Beschwerde kann von einer Verpflichtung der Mobbenden zur Teilnahme an Schulungen über Abmahnungen und Versetzung bis hin zu einer außerordentlichen Kündigung des Mobbers führen.
- sich mit einer Beschwerde an den Betriebs- oder Personalrat zu wenden, der dann anstelle des Arbeitnehmers tätig werden kann. Der Betriebsrat kann – wie z.B. nach mehrfachen Verleumdungen oder Beleidigungen, Tätlichkeiten oder unsittlichen Handlungen – auf Versetzung und auch Kündigung eines mobbenden Arbeitnehmers drängen, da eine »vertrauensvolle Zusammenarbeit« mit ihm nicht mehr gesichert ist.
- selbst eine außerordentliche Kündigung auszusprechen. Allerdings muß diese innerhalb von zwei Wochen nach der Mobbingattacke ausgesprochen und begründet werden. Je nach Schwere der Belästigung kann der Kündigung stattgegeben oder nicht stattgegeben werden. Da Mobbing in der Regel nicht eine einzige gravierende Belästigung, sondern eine Vielzahl von Bagatellattacken darstellt, die erst in der Summe Wirkung zeigen, ist dieser juristische Weg für Mobbing nur bedingt anwendbar.
- gegen den Arbeitgeber eventuelle Schadenersatzansprüche geltend zu machen; zum Beispiel in folgenden Situationen:
  – wenn der Arbeitnehmer durch den Arbeitgeber selbst gemobbt wurde und der Arbeitnehmer infolge und aufgrund der vorgefallenen Belästigung eine außerordentliche Kündigung ausgesprochen hat;
  – wenn der Gemobbte den Arbeitgeber unter Fristsetzung dazu aufgefordert hat, wahrscheinlich zu erwartenden Mobbingattacken entgegenzuwirken, und der Arbeitgeber darauf nicht reagiert hat;
  – wenn der Arbeitgeber infolge einer Beschwerde zugesagt hatte, für Abhilfe zu sorgen, dieses aber nicht getan hat.

Der Arbeitgeber ist dann dazu verpflichtet, für den durch die Kündigung entstandenen Schaden (in der Regel der bis zum Ablauf der ordentlichen Kündigungsfrist fällige Lohn) aufzukommen.

In der Praxis werden die wenigsten Mobbingfälle vor Gericht gelöst werden können. Wie die Erfahrung am Beispiel sexueller Belästigung am Arbeitsplatz gezeigt hat, kommt aus Angst vor der Öffentlichkeit, aus Scham und Sorge vor weiteren Übergriffen nur ein winziger Bruchteil der Fälle zur Anklage. Die wenigen aktenkundigen Fälle lassen vermuten, daß höchstens schwerwiegende Übergriffe, die sich durch ungeheure Rücksichtslosigkeit, Unverfrorenheit oder aber durch extrem häufige Wiederholungen der Täter auszeichnen, angezeigt werden.

Dazu kommt, daß Mobbing auch in Betrieben oder Unternehmen mit stabilen Sozialsystemen stattfindet, in denen die Mobbenden auf sozialen und moralischen Rückhalt von Kollegen und oft auch Vorgesetzten bauen können, der es den Gemobbten schwer macht, juristische Schritte gegen sie einzuleiten. Für Arbeitgeber ist der Rechtsweg oft wenig attraktiv, zumal viele Mobber durchaus gute und anerkannte Arbeitskräfte sind, auf die der Arbeitgeber nur ungerne verzichten will oder die er nur schwer ersetzen kann.

Das größte Hindernis für eine juristische Klage ist jedoch die Beweispflicht der Geschädigten. In den meisten Fällen werden sich Kolleginnen und Kollegen als Mit- bzw. als aktiv Mobbende aus Angst, Schadenfreude oder Passivität nicht als Zeugen befragen lassen, oder es werden erst gar keine Zeugen zur Verfügung stehen. Gemobbte müßten also über einen langen Zeitraum alle Vorfälle dokumentieren und stets gegen jede Attacke vorgehen, um ihre Opfersituation beweisen zu können. Genau dies ist aber in den meisten Mobbingfällen nicht möglich.

Die gegebenen Rechtsmittel sind also weder zur Vorbeugung noch zur Auflösung von Mobbingkonflikten hinreichend geeignet. Es scheint darum sinnvoller, durch Aufklärungsarbeit, Information und geeignete soziale und didaktische Mittel den Mitarbeitern soweit die Verantwortlichkeit für ihr Tun zu verdeutlichen, daß sie aus Vernunft und Moral auf Mobbingattacken verzichten können. Außerdem können geeignete arbeitsorganisatorische Maßnahmen die zu Mobbing führenden Ursachen beseitigen, so daß möglichen Mobbingangriffen vorgebeugt werden kann. Besser als ein gerichtlicher Prozeß im nachhinein ist die Prävention von Mobbing von Anfang an.

Wo findet ein Unternehmer Hilfe?

Es gibt verschiedene Herangehensweisen an das Phänomen Mobbing. Ein Betriebsarzt wird anders reagieren als ein Soziologe, der Industriepsychiater anders als der Manager. Wie und warum sie so verschiedenen reagieren, wollen wir im folgenden darstellen, und zugleich kritisch überprüfen, welches Verhalten bei Mobbing angebracht ist.

Arbeitsmedizin und Industriepsychiatrie

Mobbing und psychischer »Streß« am Arbeitsplatz werden von der klassischen Schulmedizin bislang kaum wahrgenommen. Es gibt zwar durchaus Untersuchungen zu den gesundheitsschädigenden Auswirkungen monotoner Muskelanstrengung, wie z. B. Verschleißerscheinungen und Erkrankungen durch chronische Belastung. Auch mentale Anstrengungen werden von Schulmedizinern als Gesundheitsrisiko betrachtet und als Ursache für Ermüdung und Erschöpfung angesehen. In der Regel wird jedoch von simplen Ursache-Wirkungs-Mechanismen ausgegangen, die die komplexen und komplizierten indirekten Gesundheitsschädigungen durch psychische Überforderung nicht erfassen können.

Zwar befinden sich viele Mobbingopfer in medizinischer Behandlung, da sie unter körperlichen Beschwerden leiden; nur selten aber erkennen die behandelnden Mediziner Zusammenhänge zwischen den Krankheitssymptomen und der psychischen Arbeitssituation des Patienten.

In unseren Fallbeispielen kommt für zwei unserer drei Mobbingopfer jede Hilfe zu spät: Sie sind vor dem Mobbingort durch Kündigung bereits geflohen. Nur bei Elvira aus dem Versandhaus könnten Experten noch über helfende Maßnahmen nachdenken.

Elvira würde von einem klassischen Schulmediziner nur auf ihre körperlichen Symptome hin untersucht. Er würde prüfen, inwieweit die Arbeitsanforderungen ihre körperliche Gesundheit beeinträchtigen. Da aber die Arbeit in der Packabteilungen nicht den Magen beansprucht, wird er eine arbeitsbedingte Krankheit ausschließen.

Gegen die Magenkrämpfe wird er Beruhigungs- und Magenmittel verschreiben und möglicherweise eine gesundheitsfördernde Diät anraten.

Die klassischen Vertreter der Industriepsychiatrie sehen psychische Streßfaktoren meist nur in Zusammenhang mit psychischen Erkrankungen; sie übersehen häufig, daß Streßfaktoren auch Ursache von physischen Gesundheitsschäden sein können. Zu ihnen gelangen also nur die Patienten, die erkannt haben, daß sie ein psychisches Problem haben.

Zudem halten viele Ärzte die psychischen Symptome in der Regel für Einzelschicksale, die sie durch Medikamente oder psychiatrische Methoden individuell kurieren. Sie können zwar gezielt die persönlichen Ressourcen der Patienten stärken, verkennen aber oft die systembedingten Ursachen der Erkrankung.

Ein Industriepsychiater wird darum bei Elvira im derzeitigen Stadium vermutlich gar keine Erkrankung diagnostizieren. Erst im weiteren Verlauf hätte er in bezug auf ihr aggressives Verhalten gegenüber dem Vorgesetzten Bezeichnungen wie »Querulanz-Paranoia« oder ähnliches benutzt. Dann hätte er Elvira eine Analyse ihrer traumatischen Lebenserfahrungen empfohlen und ihre psychische Erkrankung in Einzeltherapie behandelt.

Wegen der Magenkrämpfe hätte er Elvira zu einem Mediziner überwiesen und ihr im besten Falle Ratschläge über gesunde Ernährung mit auf den Weg gegeben.

Die strenge Schulmedizin und die Psychiatrie haben gemeinsam, daß sie die Ursache jeglicher Krankheit in einer Körper-und-Seelen-Mechanik sehen und Krankheiten wie technische Pannen aufdecken und reparieren wollen. Sie folgen der rationalen und linearen Logik von unmittelbaren Ursache-Wirkungs-Verhältnissen: Körperliche Schäden entstehen nur infolge von körperlicher Belastung; psychische Krankheiten erfolgen nur aufgrund psychischer Belastung.

In beiden Ansätzen würde also der Zusammenhang der psychosozialen Arbeitssituation Elviras und ihrer physischen Erkrankung vernachlässigt. Das Phänomen Mobbing würde aus Kompetenzmangel an das Unternehmensmanagement zurückverwiesen.

Psychosomatik

Eine Brücke zwischen Psychiatrie und klinischer Medizin schlagen die Vertreter der psychosomatischen Medizin. Die psychosomatische Medizin geht davon aus, daß unspezifisch-vegetative Erkrankungen (z.B. Übelkeit, Kopfschmerzen u.ä.) als Folge von unspezifisch-emotionalen Belastungen auftreten. Werden die psychischen Beanspruchungen beseitigt, verschwindet auch das Krankheitssymptom. Die meisten Psychosomatiker negieren das unmittelbare Ursache-Wirkung-Verhältnis, sondern sehen die Möglichkeit zum »Billard«-Effekt, also das Auslösen einer Erkrankung über ein Zwischenglied zwischen Ursache und Wirkung.

Vor allem aber halten die meisten Psychosomatiker Krankheit für eine »aktive Handlung« des Erkrankten, der nicht passiv einer krankheitsauslösenden Ursache zum Opfer fällt, sondern aus der Krankheit unbewußt einen positiven Nutzen zieht: die Rede ist vom »sekundären Krankheitsgewinn«:

Angehörige und Freunde sind besonders nett und fürsorglich zum Kranken; Belastungen wie Verantwortung, Streß, schlechte Nachrichten, gefährliche oder lästige Aufgaben werden vom Kranken hilfsbereit ferngehalten; Kranken wiederfährt aufgrund der Krankheit eine besondere Aufmerksamkeit, sie stehen im Mittelpunkt des Interesses.

Krankheit kann zur Konfliktbewältigung und als Selbstschutz dienen. Nach Ergebnissen von psychosomatischen Untersuchungen sind z.B. viele Patienten mit Magengeschwüren Angestellte in mittleren Führungspositionen. Oft klagen sie über ungerechte Behandlung, leiden unter Zurücksetzung und Intrigen, fühlen sich übergangen und ausgenutzt und können ihre Forderungen nicht angemessen zur Sprache bringen.

Bei Elvira wird ein Psychosomatiker schnell einen Zusammenhang zwischen den Kränkungen ihrer Person, der sie durch die Kollegen ausgesetzt ist, und ihren Magenbeschwerden herstellen können. Der allgemeine Sprachgebrauch verrät, daß ein Zusammenhang so undenkbar auch nicht ist: Elvira könnte von sich sagen, daß ihr die Mobbingattacken auf den Magen geschlagen sind, daß sie viel runterschlucken mußte, daß sie Ärger in sich hineingefressen hat oder daß ihr die Vorwürfe schwer im Magen liegen.

Der Psychosomatiker würde also den Blick bereits weg von dem Symptom »Krankheit« hin auf das Phänomen »Mobbing« richten. Doch einen aktiven Lösungsweg wird auch er nicht beschreiten können.

Dazu bedarf es einer genauen Ursachenanalyse: das »Billardfeld« muß als Ganzes betrachtet werden. Und das taten bislang nur die Soziologen:

Medizinische Soziologie

Seit den 50er Jahren hat die medizinische Soziologie erheblich an Bedeutung gewonnen. Damals wurde Krankheitsentstehung gedeutet als ein unbewußt motivierter Prozeß der Flucht vor den Alltagspflichten und des Zusammenbruchs der Über-Ich-Kontrolle; Therapie galt entsprechend als Prozeß der Wiederherstellung von Leistungsorientierung, Über-Ich-Kontrolle und sozialer Ordnung.

Elvira hätte demnach ihr Pflichtgefühl verloren und versucht, sich durch die Krankheit unbewußt vor den ihr gestellten Aufgaben zu drücken. Sie müßte darum streng ermahnt, ihr Leistungsbewußtsein wiederhergestellt und sie wieder vor die alten Aufgaben gesetzt werden.

Dieser Ansatz negiert einen Zusammenhang zwischen Elviras »Krankheit« und den sozialen Strukturen der Gruppe. Es ist in diesem soziologischen Modell nur eine Frage der Anpassung des Individuums an die Moral der sozialen Gruppe. Nach allem, was wir von Mobbing inzwischen wissen, scheint das der falsche Weg zu sein; denn dieser Ansatz sieht eine Schuld beim Gemobbten, der aufgrund persönlicher Schwächen plötzlich versagt und Leistung »verweigert«.

In den 60er Jahren entstand ein interaktionistisches Modell: Krankheitsentstehung wurde als Erwerb einer stigmatisierenden Krankenrolle aufgefaßt; Therapie war ein vom Patienten verantwortlich mitgestalteter und auf Normalität abzielender Prozeß innerhalb ausgehandelter Ordnungen.

Elvira hätte demnach in der Gruppe die Rolle als »Magenkranke« und evtl. auch als »Leistungsschwache« bekommen. Um ihre volle Leistungsfähigkeit wiederherzustellen, wäre es nötig, ihr diese »schlechte« Rolle bewußt zu machen und ihr zu helfen, sich eine »gute« Rolle in der Gruppe zu suchen.

Dieser Ansatz würde immerhin schon die soziale Gruppenstruktur im Betrieb erfassen; es käme jedoch nicht dazu, die Rollen der anderen Mitglieder zu hinterfragen. Elvira müßte sich der Mehrheit »anpassen«. Ihre neue, wenngleich auch »bessere« Rolle wäre also nur ein neues »Stigma«, das das alte ablöst. Die Gruppe wäre damit zwar »gerettet«; doch die Wahrscheinlichkeit ist groß, daß Elviras Krankheit (aus Selbstschutz) trotzdem bestehen bleibt.

In den letzten 20 Jahren herrschen in der medizinischen Soziologie die beiden Ansichten vor: Krankheit entstehe als Folge des Verlustes von Ressourcen; Therapie müsse demnach diesen Verlust wieder ausgleichen. Krankheit sei das Ergebnis von sozialen Konflikten und die Aufgabe der Therapie demnach die Änderung dieser pathologischen Gesellschaftsstrukturen.

In bezug auf Elvira wäre demzufolge nach den verlorenen Ressourcen zu suchen. Offenbar wird Elviras Leistungsfähigkeit tatsächlich durch die zusätzliche Belastung in der Abendschule beeinträchtigt. Desweiteren zog sie vermutlich Kraft aus dem Lob und der Anerkennung durch den Vorgesetzten. Als sie diese Zuwendung durch die unterstellte Liebesaffäre nicht mehr annehmen darf, wird ihr eine wichtige Ressource entzogen. Die Isolation im Kolleginnenkreis und der Entzug ihrer Kraftreserven machen die Krankheit zur »Lösung«.

Als Maßnahme empfiehlt sich – nach dieser in der Praxis plausiblen Theorie –, zunächst Elviras Ressourcen wiederherzustellen und danach, oder besser zugleich, den bestehenden Konflikt aufzuklären und die Ursachen zu beseitigen.

Neue Wege

Direkte Handlungsempfehlungen

Da jeder der bisher vorgestellten Lösungsansätze immer nur Einzelaspekte eines Konfliktes, aber nie alle Faktoren eines Mobbingfalles berücksichtigt, muß ein umfassenderes Modell herangezogen werden.

Zur Verdeutlichung: es gibt Mobbing»opfer«, weil es

a) einen sozialen Konflikt gibt, in dem mit psychologischer Kriegsführung gekämpft wird.
b) in diesem Psychokrieg eine Partei oder eine einzelne Person gibt, die aufgrund irgendwelcher Voraussetzungen nicht über ausreichende Kraftreserven und Ressourcen verfügt, um dem Konflikt dauerhaft standzuhalten.

In dieser Form belastete Menschen werden physisch oder psychisch krank. Das zeigt sich bei allen Fallbeispielen:

Fallbeispiel Computerfirma

Fred gerät in Konflikt mit seinen Arbeitskollegen. Da er sehr schüchtern ist und wenig Selbstbewußtsein hat, verfügt er ohnehin schon nicht über große Konfliktreserven. Durch die zusätzliche private Belastung verliert er weitere Ressourcen. Er wird als Mobbing»opfer« psychisch (Suchtverhalten) und physisch (Magen-Darm-Katarrh) krank.

Fallbeispiel Schmuckabteilung

Sabine, Petra und Karla haben einen Konflikt miteinander. In dieser angespannten Situation verfügt Karla zum einen aufgrund der Konstellation alleine gegen zwei Mitarbeiterinnen und zum anderen aufgrund ihrer privaten Lebensituation nicht über stabile und hinreichende Ressourcen. Sie wird als Mobbing»opfer« psychisch (depressiv) und physisch (Migräne) krank.

Fallbeispiel Versandhaus

Elvira steckt in einem subtilen Konflikt mit ihren Kolleginnen. In einer stabilen Situation hat sie sich für eine Weiterbildung an der Abendschule entschieden. Durch diese private Zusatzbelastung verfügt sie nun nur über beschränkte Ressourcen. Die wichtigste – das gute Verhältnis zum Vorgesetzten – muß sie aufgeben, weil sie Bestandteil des Konfliktes wird. Elvira wird als Mobbing»opfer« psychisch (überaggressiv) und physisch (Magenkrämpfe) krank.

Für die Auflösung eines Mobbingkonfliktes gibt es ein Drei-Phasen-Modell. Es bezieht Betroffene, Kollegen und/oder Vorgesetzte von Mobbenden gleichermaßen mit ein.

Das Drei-Phasen-Modell

Erste Phase: Mobbing aufdecken

- alle Beteiligten finden
- Systemelemente trennen – Waffenstillstand
- Ressourcen stärken – ankern
- Konflikt aufdecken
- Einzel- und Gruppengespräche führen

- Verurteilen von Mobbing, ohne Urteile über Schuld oder Unschuld und ohne Anklage von vermeintlichen »Tätern«!

Zweite Phase: Mobbing lösen

- Mehr-Phasen-Projekt verdeutlichen
- Experten zu Hilfe holen
- Analyse zusammen mit allen Beteiligten (ohne Schuldzuweisungen)
- Lösungen finden

Dritte Phase: Mobbing vorbeugen – Streitkultur schaffen

Konfliktarme Rahmenbedingungen herstellen

- Streitkultur schaffen
- Neuen Verhaltenskodex bestimmen
- Betriebsethik festschreiben
- Definition der Unternehmensziele
- Ziel- und Aufgabendefinition der Unternehmens-Teilbereiche
- Informationsfluß gewährleisten

Schulungen zur Konfliktbewältigung durchführen

- Konflikte erkennen
- Konflikte aufdecken
- Konflikte lösen

Die erste Phase: Mobbing aufdecken und zum Stillstand bringen

Vorgesetzte oder andere Dritte (etwa Personal- oder Betriebsräte), die in den Konflikt einbezogen wurden und die den Mobbingverlauf stoppen oder beenden wollen, müssen auf verschiedenen Ebenen ansetzen:

Zum einen ist es wichtig, den Kräftehaushalt des »Opfers« wieder aufzubauen. Erst wenn alle Beteiligten wieder über den gleichen Stand von Ressourcen verfügen, kann die Konfliktlösung zu einem wirklichen Kompromiß führen. Ist eine Seite der Mobbenden noch zu sehr geschwächt, um die eigene Position deutlich vertreten zu können, wird jedes Ergebnis dieses Ungleichgewicht spiegeln – und darum keine Konfliktlösung sein.

Zum anderen muß der Konflikt aufgedeckt und angegangen werden, denn solange der Konflikt schwelt, werden die mühsam wieder aufgebauten Ressourcen beim »Gemobbten« immer aufs neue angegriffen und verbraucht. Erst wenn die Mobber sicher sein können, daß auch ihr Problem gelöst wird, werden sie ihre Attacken aufgeben. Dieser »Waffenstillstand« ist eine wichtige Voraussetzung für die in den nächsten Lösungsphasen anstehende Konfliktanalyse und -bewältigung.

Wie geht das konkret? Welche Risiken gibt es? Welche Strategien empfehlen sich in dieser Phase der »Ersten Hilfe«?

Ressourcen stärken

Wie Sie als Vorgesetzte die Kraftreserven Ihrer Mitarbeiter stärken können, ist ein schwierige Frage. Oft werden die persönlichen Ressourcen im Privatleben – in der Zeit der sogenannten »Reproduktion« – aufgetankt. Und Vorgesetzte sollten sich keinesfalls in das Privatleben ihrer Mitarbeiter drängen. In einem Mobbingfall jedoch kann es notwendig sein, das private Umfeld in die Bewältigung miteinzubeziehen.

Versuchen Sie, mit innerbetrieblichen Mitteln die geschwächten »Opfer« zu stärken. Das können flexible Arbeitszeit, Entlastung von komplizierten Arbeitsaufgaben, Veränderung des Arbeitsplatzes oder dergleichen mehr sein. Entscheidend ist jedoch, daß alle Maßnahmen zusammen mit den Betroffenen selbst erörtert und beschlossen werden.

Handeln Sie nicht über den Kopf des Betroffenen hinweg! Die Gemobbten müssen ihre Bedürfnisse formulieren und selbst aktiv Lösungsvorschläge machen können. Meistens wissen die Betroffenen nämlich selbst am besten, was ihnen gut tut bzw. was ihnen fehlt.

Stellen Sie klar, daß es sich um eine Ausnahmesituation handelt. Definieren Sie Anfang und Ende dieser Phase ganz konkret, aber versprechen Sie, daß eine »Verlängerung« bei Bedarf immer möglich ist.

In unseren drei Fallbeispielen hat es verschiedene Umgangsweisen mit den Ressourcen der Gemobbten gegeben, alle jedoch erweisen sich im nachhinein als unzureichend oder gar verschlimmernd:

Im **Fallbeispiel Computerfirma** gab es seitens der Geschäftsführung durchaus Verständnis und »Rettungsversuche« für den jungen Mitarbeiter Fred. Sie hat versucht, im Sinne ihrer Mitarbeiter zu entscheiden, hat aber versäumt, die betroffenen Mitarbeiter nach ihren Interessen und Bedürfnissen zu befragen. So hat die zwar entlastend gemeinte, aber im autoritären Führungsstil durchgesetzte Entscheidung, Fred eine leichtere Arbeitsaufgabe zu übertragen, nicht den gewünschten konfliktlösenden und ressourcenstärkenden Effekt gehabt. Sie hat im Gegenteil den Konflikt gesteigert und die Ressourcen weiter geschwächt: Fred fühlte sich bestraft und degradiert. Das als Lösung gedachte Verhalten wurde so Anlaß zu einer weiteren Mobbingattacke.

Im **Fallbeispiel Schmuckabteilung** hat die Abteilungsleiterin jede Unterstützung der gemobbten Mitarbeiterin abgelehnt, obwohl diese sie durch ihre »Beschwerde« geradezu dazu aufgefordert hatte. Durch ihren Satz: »Mit Ihnen ist es aber auch nicht einfach« wurde der Hilferuf der Angestellten als maßlos und übertrieben zurückgewiesen und die Gemobbte in die weitere Isolation gedrängt.

Im **Beispiel Versandhaus** liegt der Fall komplizierter, da der unmittelbare Vorgesetzte in die Mobbingattacken miteinbezogen ist. Versucht der Vorarbeiter Jürgen, die Kraftreserven Elviras zu stärken, kann dies weitere Verleumdungen und persönliche Angriffe gegen Elvira provozieren. Sein freundliches Verhalten, das Elvira ja unterstützen und motivieren sollte, hatte bereits genau diesen Effekt gehabt. Zwar gäbe es die theoretische Möglichkeit, Elvira in einer ruhigeren Atmosphäre, abgeschieden von den anderen Mitarbeitern, nach Auswegen und Hilfemöglichkeiten zu befragen; aber die Gefahr ist zu groß, daß dieses »einsame Gespräch« von den Mobbern falsch ausgelegt wird.

Darum scheint hier der sinnvollste Weg zu sein, an den Anfang ein klärendes und offenes Gruppengespräch zu stellen, das keinerlei Zweifel an der sachlichen Beziehung von Elvira und Jürgen läßt. Anschließend könnten sie ohne üble Nachrede gemeinsam über Lösungsmöglichkeiten für die Zeit der Abiturprüfungen nachdenken.

Eine andere Möglichkeit wäre, einen unbeteiligten Dritten als Gesprächspartner für Elvira zu suchen, z.B. eine leitende Kollegin aus einer anderen Abteilung oder jemanden aus dem Personalbüro.

Lösungsansätze

Wenn Sie einen Konflikt aufdecken und angehen, führen Sie, um an den Kern des Konfliktes zu gelangen, eine Reihe von Einzelgesprächen mit den aktiv uns passiv Mobbenden.

Schaffen Sie eine Atmosphäre der Vertrautheit, nehmen Sie sich Zeit; treffen Sie sich an einem Ort, an dem Sie ungestört sind; verlassen Sie den gewohnten Arbeitsraum, gehen Sie weg aus der förmlichen Schreibtisch-Situation.

Hören Sie jede Erzählung ruhig an und werten Sie nicht. Sammeln Sie erst alle Positionen und versuchen Sie, die jeweilige Sicht zu verstehen.

Erkennen Sie die Einstellung des anderen an, auch wenn sie aus Ihrer Sicht gesehen nicht stimmt.

Fragen Sie nach, ob sich Ihr Gegenüber verstanden fühlt.

Stellen Sie offene Fragen (also W-Fragen: Wer, Wann, Was, Wie, Warum?) und geben Sie Ihrem Gesprächspartner Gelegenheit, in Ruhe über seine Antworten nachzudenken.

Vermeiden Sie unbedingt Anklagen oder Wertungen; das führt nur zu verzweifelten Rechtfertigungen, die mit der realen Situation oft wenig gemein haben.

Versuchen Sie, bei Gruppengesprächen durch Neutralität und Ruhe eine Atmosphäre der Sicherheit und des Vertrauens aufzubauen, denn diese Gespräche sind für alle Beteiligten sehr stressig und angstbesetzt.

Verhindern Sie Streitereien, Beschuldigungen und Rechthabereien. Ermahnen Sie alle Anwesenden immer wieder dazu, die Grenzen der anderen zu akzeptieren. Das erste gemeinsame Gespräch der Mobbenden hat keine andere Funktion, als den gegenseitigen Respekt wieder herzustellen. Es soll allen Beteiligten lediglich Gelegenheit gegeben werden, den anderen die eigene Position darzustellen – in Ruhe und ohne zu verletzen. Wenn das gelingt, ist schon sehr viel gewonnen.

Stellen Sie am Ende des ersten Gruppengespräches klar, wie die nächsten Schritte zur Konfliktbewältigung aussehen. Solange alle Beteiligten das Gefühl haben, daß jetzt wirkliche Lösungswege begonnen werden, wird der »Waffenstillstand« beibehalten.

Motivieren Sie immer wieder dazu, Skepsis und Ängste zu formulieren, und räumen Sie alle Bedenken so schnell wie möglich aus.

In unseren Fallbeispielen hat es keinerlei Versuche gegeben, in Gesprächen die soziale Organisation des Betriebes zu diskutieren und zu klären.

Auch im **Fallbeispiel Computerfirma** haben die Geschäftsführer weder Gruppen- noch Einzelgespräche geführt. Hier wäre vor allem ein ruhiges Einzelgespräch mit Fred hilfreich gewesen.

Im **Fallbeispiel Schmuckabteilung** hat die Abteilungsleiterin durch ihren Laissez-faire-Führungsstil den Mitarbeiterinnen selbst den Großteil der Arbeitsorganisation überlassen und weder in Gruppen- noch in ruhigen Einzelgesprächen die Entscheidungen ihrer Mitarbeiterinnen diskutiert. Zwar gab es am Ende ein Einzelgespräch mit Karla, jedoch fehlten die zur Klärung der Situation wichtigen Gespräche mit Sabine und Petra. Hier wäre unbedingt ein Gruppengespräch angebracht gewesen.

Im **Fallbeispiel Versandhaus** fehlt es ebenfalls an Einzel- und Gruppengesprächen. Allerdings befindet sich hier der Vorgesetzte in einer besonders schwierigen Situation, da Elvira ein Einzelgespräch mit Jürgen vor dem Hintergrund der falschen Beschuldigungen vermutlich ablehnen würde. Ein gemeinsames Gespräch mit allen und Einzelgespräche mit den aktiv Mobbenden scheinen hier angemessen und erfolgversprechender als ein Einzelgespräch mit Elvira.

Die zweite Phase: Mobbing lösen

Nach der ersten Phase der »Beruhigung«, deren Ziel der »Mobbing«-Stillstand ist, sollte umgehend die zweite Phase begonnen werden.

Zunächst sollte allen Mobbenden gegenüber deutlich signalisiert werden, daß das Ziel der Auseinandersetzung eine Konfliktlösung ist, die alle zufriedenstellt. Bis dieses Ziel erreicht ist, bedarf es jedoch einer gewissen Zeit. Damit alle Beteiligten sich auf diesen Prozeß einlassen können, müssen sie darauf vertrauen können, daß jeder Schritt, der gegangen wird, ein Schritt näher zum Ziel ist. Deshalb ist es wichtig, von Anfang an offen über die Lösungsstrategien zu reden. Alle müssen zu jedem Zeitpunkt wissen, in welcher Phase der Konfliktbewältigung sie sich befinden. Keiner soll den Verdacht haben müssen, daß die Konflikte »um des lieben Betriebsfriedens willen« lediglich vertagt werden.

- Stellen Sie von Anfang an die Marschrichtung klar.
- Definieren Sie das Ziel (Konfliktlösung) und alle Phasen (Stillstand, Analyse, Lösung) der Auseinandersetzung.
- Setzen sie eindeutige Termine für die einzelnen Schritte.
- Resümieren Sie stets das, was Sie bereits erarbeitet haben. Machen Sie immer wieder klar, an welchem Punkt der Konfliktbewältigung die Gruppe und jede einzelne Person angekommen ist.

Nur in einem unserer drei Fallbeispiele ist es ja überhaupt möglich, von der »zweiten Phase der Konfliktlösung« zu sprechen, nämlich im Fall der Computerfirma. Hier hatten die Chefs versucht, Fred aus seiner leistungsschwachen Situation zu befreien, indem sie ihn auf eine andere Position versetzten. Da jedoch kein Endpunkt dieser Ausnahmesituation festgelegt worden war – abgesehen davon, daß auch klärende und vorbereitende Gespräche (also alle Schritte der Phase 1) gefehlt hatten –, mußte Fred annehmen, es handele sich um eine dauerhafte Strafversetzung oder Degradierung.

In einer Mobbingsituation empfiehlt es sich, unbeteiligte Berater oder Beraterinnen zu Hilfe zu holen, z.B. geschulte Führungskräfte aus anderen Abteilungen, psychologisch kompetente Betriebsmediziner oder externe Berater, die die Supervision über die Konfliktgespräche übernehmen können. Es ist sehr sinnvoll, Unbeteiligte um Rat und Hilfe zu bitten, denn sie geraten nicht mit eigenen Interessen in Konflikt und werden auch nicht von den Auswirkungen tangiert.

Nichts und niemanden »retten« wollen!

Führungskräfte, die glauben, alles alleine lösen zu können, unterschätzen oft ihren eigenen Anteil am Mobbingverlauf. Außerdem laufen sie Gefahr, sich in das komplizierte Konfliktnetz zu verstrikken und letztlich selbst »gemobbt« zu werden oder mitzumobben. In der Psychologie spricht man vom »Dramadreieck«: dieses besteht aus den drei Elementen »Verfolger«, »Opfer«, »Retter«.

Verfolger ist derjenige, der anklagt. Er weist zurecht, macht Vorwürfe, kritisiert, setzt andere herab oder lacht andere aus. Dieser Verfolger braucht ein

Opfer, das unterwürfig, kindlich hilflos, schüchtern, unwissend usw. ist. Das Opfer motivert einen

Retter, ihm zur Seite zu springen, ohne ausdrücklich dazu aufgefordert zu sein. Der Retter tröstet und gibt gute Ratschläge.

Was für einen Konfliktbeobachter auf den ersten Blick und intuitiv richtig erscheint, nämlich dem Opfer als Retter zu Hilfe zu kommen, ist auf den zweiten Blick eine böse Falle (Abb. 8):

Abbildung 8

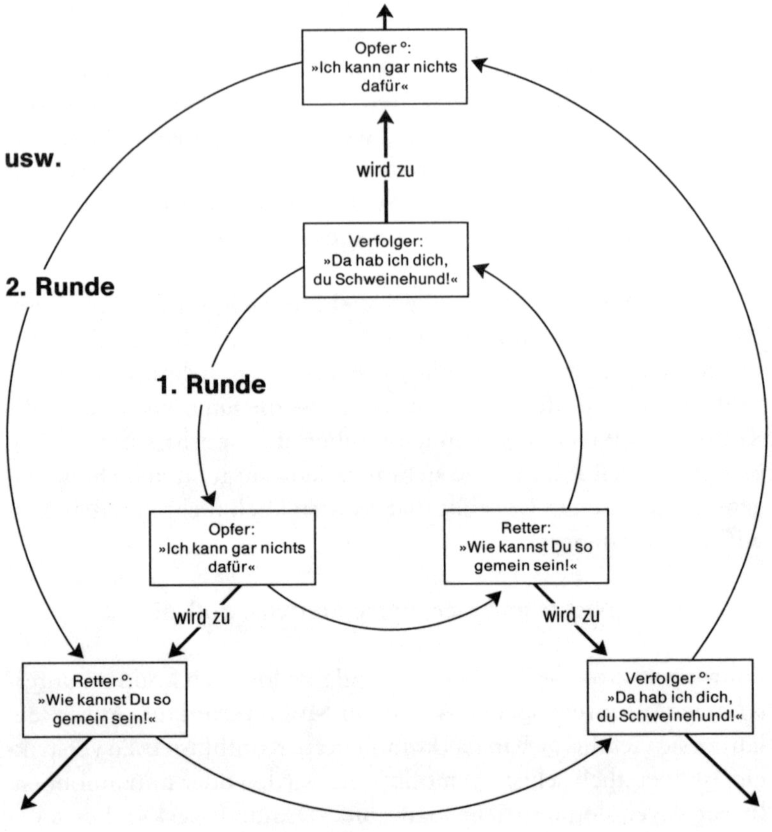

Der Verfolger sagt zum Opfer: »Da habe ich Dich, du Schweinehund. Sieh mal an, was du da angerichtet hast.« Er schiebt die Schuld aufs Opfer.

Das Opfer sagt: »Ich bin hilflos, ich kann nicht anders. Die anderen tun mir Böses an, ich kann gar nichts dafür.« Es schiebt die Schuld auf den Verfolger.

Der Retter bewertet den Verfolger: »Wie kannst Du so gemein sein? Du bist böse!« Er zieht sein Selbstwertgefühl daraus, daß er dem anderen, dem in seiner Wahrnehmung vermeintlich Schwächeren, helfen kann. Er schiebt die Schuld auf den Verfolger.

Wichtig ist in dieser Konstellation, daß sie dynamisch ist: Die Beteiligten wechseln die Rollen.

Denn der »Retter« verfolgt im Rettungsprozeß den Verfolger, er wird also selbst zum Verfolger°.

Der ursprüngliche Verfolger kommt dadurch in die Opferrolle, wird Opfer° vom Verfolger°, dem ursprünglichen Retter.

Das ursprüngliche Opfer fällt entweder aus dem zweiten Konflikt heraus oder wird gar zum Retter°, der nunmehr den Verfolger° ermahnt und das Opfer°, also seinen ursprünglichen Verfolger, verteidigt – usw.

Oder der Verfolger richtet seine Angriffe auch gegen den Retter: »Du machst ja selbst Fehler« und wird so zum doppelten Verfolger°. Der Retter verliert seine sichere Position aus der ersten Runde und wird plötzlich Opfer°. Das ursprüngliche Opfer hat die Wahl, entweder aus dem Konflikt auszusteigen, weiterhin Opfer zu bleiben, zweites Opfer° zu werden, als zweiter Verfolger° mitzumischen oder schließlich als Retter° den zweiten Konflikt lösen zu wollen – usw.

In allen Fällen nimmt das Drama kein Ende, sondern steckt in einem unendlichen Kreislauf von Folgekonflikten. Alle drei Rollen sind insofern identisch, als der Rolleninhaber jeweils entweder seine eigenen Fähigkeiten zur Problemlösung oder die Fähigkeiten des anderen abwertet.

Das Ziel der Aktion ist die Befriedigung unbefriedigter Bedürfnisse und Gefühle. Alle drei Beteiligten schalten den analytischen Verstand nicht ein, sondern sind sehr emotionsorientiert. Man kann davon ausgehen, daß allen drei Rollen eine Einstellung zugrunde liegt, die man als eine »Kränkung des Selbstwertgefühls« bezeichnen kann.

Rolle Verfolger: »Ich bin besser als Du, ich werde Dir schon Deine Fehler nachweisen.«

Rolle Opfer: »Ich bin nicht okay.« Das Opfer kann nichts auf die Vorwürfe entgegnen.

Rolle Retter: »Ich bin okay, Ihr seid weniger/nicht okay«. Er will das Problem ja lösen.

Das Hin- und Herspringen in diesen drei Positionen kommt dadurch zustande, daß alle drei Positionen von einer nicht realistischen und nicht positiven Einstellung getragen werden, also nicht von der Einstellung: »Ich bin okay, du bist okay.«

Die Auseinandersetzung ist außerhalb des analytischen Denkvermögens angesiedelt und findet im Bereich der emotionalen Triebbefriedigung statt. Erst wenn das analytische Verständnis der Beteiligten eingeschaltet wird, können sie zu tragfähigen Lösungen des Konfliktes gelangen.

Das **Fallbeispiel Computerfirma** veranschaulicht die komplizierte Verstrickung in das Dramadreieck. Die Geschäftsführer sind am Anfang selbst die »Verfolger«, sie »klagen« Fred ja der Leistungsschwäche an; sie versuchen zugleich, den zum »Opfer« auserkorenen Fred zu »retten«. Dann übernehmen die Kollegen von Fred die Rolle der »Verfolger«, indem Sie sich über die Zusatzbelastung durch Fred beschweren. Gleichzeitig sehen die Mitarbeiter sich auch als »Opfer« der ungerechten Haltung der Geschäftsführer, die Fred bevorzugen und sie belasten, und die damit in der Doppelrolle von »Retter« und »Verfolger« stecken.

Die Ursachen für das Verhalten von Mobbern und Gemobbten sind, wie im Buch mehrfach gezeigt, auch Konsequenz der Umstände, unter denen die Beteiligten leben und arbeiten. Sind alle Konfliktparteien erst einmal ruhig an einem Tisch versammelt, sind alle Konflikte offen und klar ausgesprochen, können die Mobbingursachen beseitigt werden und der Betriebsfriede kann wieder in das Unternehmen einziehen.

Die dritte Phase: Mobbing vorbeugen – Streitkultur schaffen

Wer den Kleinkrieg in Zukunft nach erfolgreicher Mobbingbewältigung oder vorbeugend unter seinen Beschäftigen verhindern will, wer Mobbing aus seinem Betrieb oder Unternehmen verbannen möchte, der muß lernen, Konflikte zuzulasssen. Das Stichwort heißt »Streitkultur«. Ein Umfeld, in dem Konflikte frühzeitig offengelegt und Lösungen gesucht werden, ist der beste Schutz gegen Mobbing. Dazu gehören intakte Arbeitsbedingungen ebenso wie Maßnahmen zur Konfliktbewältigung.

Ein funktionierendes Unternehmen, das erfolgreich ist, das klare Ziele verfolgt, das Kompetenzen und Aufgaben eindeutig, sach- und personengerecht verteilt und das Leistung gebührend anerkennt, ein solches Unternehmen wird Mobbing nicht kennen.

Denn: wo alle Beteiligten zufrieden sind, wird nicht gemobbt. Der Zufriedene wird nicht mobben. Nur der Unzufriedene greift auf diese Mechanismen zurück, um seine Probleme zu »lösen«. Ein Unternehmen muß also zwei Ziele anstreben:

a) gut und funktional organisiert zu sein, um das Konfliktpotential möglichst niedrig zu halten;
b) geschulte und auf Konflikte vorbereitete Mitarbeiter zu beschäftigen, die Konflikte lösen, bevor aus Streitereien Mobbing wird.

Dazu sollte das Unternehmen in einer betrieblich entspannten Situation einen neuen Verhaltenskodex bestimmen und im nächsten Schritt eine Betriebsethik festschreiben. Darin wird von allen Mitarbeitern, Mitarbeiterinnen und Führungskräften gemeinsam beschlossen, welche Handlungen im Betriebsmiteinander »tabu« sind und wie mit Konflikten stattdessen umgegangen werden kann.

Jedes Unternehmen hat eine eigene Kultur, d.h. eigene Wertmaßstäbe oder ein vorherrschendes Muster an mehr oder weniger ausdrücklich bevorzugten Verhaltensweisen und Normen. Sie bestimmen maßgeblich das Verhalten der Beschäftigten – wie die Organisationspsychologie hinreichend belegt hat. Dies bedeutet aber auch, daß eine gezielte Steuerung der Unternehmenskultur die Voraussetzungen für Mobbing verhindern kann.

Es kann vermieden werden, daß es Arbeitsplätze gibt, die Isolation oder Ausgrenzung ermöglichen, und daß Gefühle des Ausgeliefertseins und der eigenen Bedeutungslosigkeit und Minderwertigkeit aufkommen können.

Es kann eine Atmosphäre der Anerkennung als Mensch und Arbeitskraft entstehen, die die Methoden der gegenseitigen Respektlosigkeit, des Mißtrauens und Psycho-Terrors erschweren oder unmöglich machen.

Diese Zielsätze sollten in einer Art »Betriebsethik« festgeschrieben werden, damit sie neue Mitarbeiterinnen und Mitarbeiter kennenlernen und alle Beschäftigten immer wieder einsehen können.

Dazu gehört zunächst eine klare Beschreibung der Unternehmensziele und der Wege, die dafür beschritten werden sollen. Daraus resultiert dann eine klare Beschreibung von Arbeitsplätzen, die gezielt mit dem dafür qualifizierten Personal besetzt werden müssen.

- Wo will das Unternehmen hin?
- Wie kommen wir da hin?
- Wieviele und welche Art von Mitarbeitern brauchen wir dafür?

So wie die Unternehmensziele eindeutig bestimmt werden müssen, so müssen auch die einzelnen, sinnvoll gegliederten Teilbereiche eines Unternehmens mit Kompetenzen und Aufgaben versehen werden. Es sollten stets klare, sachliche Ziele mit eindeutig fixierten Terminen verknüpft werden, die verantwortlich von einer genau definierten Person durchgeführt bzw. kontrolliert werden.

Bei jedem Schritt müssen alle beteiligten Personen auf demselben Informationsstand gehalten werden. Alle müssen dasselbe wissen und dasselbe Ziel verfolgen; denn sobald zwei Personen unterschiedliche Ziele anstreben, entsteht ein Konflikt. Aber: Konflikte sind noch kein Drama! Nur ungelöste, verdeckte und verdrängte Konflikte schädigen das Unternehmen und seine Beschäftigten.

Eine Unternehmenskultur, in der laut gedacht und offen geredet wird, ist das beste Frühwarnsystem, das es geben kann.

Die Angst vor Konflikten ist verbreitet. Sie ist die Angst vor Liebesentzug, weil die meisten Menschen gelernt haben, daß sie nur geliebt werden, wenn sie sich auf eine zurückhaltende, gefällige Art und Weise verhalten. Eine institutionalisierte funktionierende Streitkultur und bewußte Konfliktrituale können das Grundvertrauen in ein Unternehmen stärken, denn sie signalisieren: »Ich akzeptiere Dich, auch wenn Du mich kritisierst« oder noch besser: »Ich liebe Dich erst recht, wenn Du aufrichtig mit mir umgehst«.

Ein Punchingball im Foyer, an dem die Beschäftigten ihre Aggressionen und Frustrationen austoben könnten, bevor sie abends nach Hause gehen, ist sicher besser als gar nichts. Aber es reicht nicht. Unternehmen und Betriebe müssen Raum schaffen, um Konflikte wirklich austragen zu könnnen. Und die Mitarbeiterinnen und Mitarbeiter müssen Routine entwickeln, Konflikte zu erkennen und zu lösen. Konfliktlösung ist erlernbar.

In fachgerechten und praxisnahen Schulungen sollten alle Mitarbeiter, auf jeden Fall aber alle Führungskräfte, die Grundregeln im Erkennen, Aufdecken und Lösen von Konflikten lernen und trainieren.

Konflikte erkennen

Um einen Konflikt zu lösen, müssen alle Beteiligten wissen, daß ein Konflikt besteht, und sie müssen erst recht wissen, welcher Konflikt mit wem und warum besteht. Erst wenn sich alle einig sind, wo der Konfliktpunkt liegt, können sie Lösungswege beschreiten.

Deshalb müssen die Mitarbeiter lernen, Konflikte zu erkennen und zu benennen. Hierfür brauchen sie ein adäquates Vokabular. Es gilt zu lernen, wie Kritik verbalisiert werden kann, ohne zu neuen Konflikten zu führen.

Es empfiehlt sich, Mitarbeiterinnen und Mitarbeiter aus Schlüsselpositionen in Schulungen mit Experten an Beispielen aus der Praxis das Streiten simulieren und so lange praxisnah einüben zu lassen, bis sich alle sicher fühlen. Natürlich ist es am sinnvollsten, vor allem Mitarbeiter zu schulen, die ihr Wissen weitergeben können: Abteilungsleiter, Führungskräfte und Teamchefs. Viele Angestellte werden am Modell der Vorgesetzten das sachliche »Streiten« durch Abkucken erlernen. Je besser der Chef oder die Chefin Konflikte lösen kann, umso weniger werden die Mitarbeiter zu Mobbing greifen.

Zu wissen, daß ein Konflikt besteht, ist erst der Anfang. Der nächste und schwierigere Schritt ist, Konflikte vor anderen aufzudecken – am schwierigsten vor den Konfliktpartnern selbst. Oft droht nämlich den Mitarbeitern, die einen Konflikt aufdecken, dadurch ein viel größerer Konflikt, weil sie »gepetzt« haben oder in ihrer Kritik nicht ernst genommen werden. In unserer Gesellschaft gilt ja der als schwach, der Probleme hat. Jemand, der einen Konflikt aufdecken will, macht sich verletzlich und braucht viel Selbstbewußtsein, um diese »klagende« Position zu halten.

Hier ist es wichtig, einen Schutzraum zu schaffen, in dem Konfliktpartner sich trauen, in die »schwache« Position zu gehen. Mitarbeiter, die Konflikte aufdecken, sind für ein Unternehmen unbezahlbar. Sie müssen gestärkt werden. Hierfür gibt es verschiedene Möglichkeiten, die entweder durch Anonymität oder durch Gruppenverhalten Schutz bieten:

Meckerbriefkasten: In der Anfangszeit wird es sinnvoll sein, einen Meckerkasten einzurichten, damit einzelne Mitarbeiter anonym und ohne auf Formulierungen zu achten, ihre Sorgen loswerden können. Durch die Anonymität geschützt, können sie beobachten, wie mit ihrem Problem umgegangen wird. Je öfter sie die Erfahrung machen, daß die Benennung von Konflikten durch respektvollen Umgang und anerkennenden Dank für die Fehlererkennung »belohnt« wird, umso eher werden sie bereit sein, sich öffentlich zu ihren Konflikten/Sorgen/Ängsten zu »bekennen«.

Vertrauensperson: Eine andere Form der geschützten Konfliktaufdeckung ist die Schaffung einer Vertrauensperson. In manchen Unternehmen hat der Betriebsarzt, der Betriebsrat oder die Frauenbeauftragte diese Funktion. Hier werden die Klagen gesammelt sowie sachgerecht und in eine angemessene Sprache »übersetzt« an die zuständigen Personen weitergeleitet. Dieses Verfahren gibt durch die »Halbanonymität« einerseits die Möglichkeit, den »Klägern« ungestört bei der Konfliktbewältigung zu helfen und andererseits auch mehrere Kläger mit demselben Problem zusammenzuführen, damit sie sich gegenseitig unterstützen können.

Der heiße Stuhl: Eine in manchen Unternehmen erfolgreich praktizierte Form der Konfliktaufdeckung ist der sogenannte »heiße Stuhl«. Hier stellt sich eine einzelne Person der Kritik der Mitarbeiter. Was zunächst wie psychisches Spießrutenlaufen scheint, ist meist ein konstruktives Kritikgespräch. Voraussetzung ist zum einen die Lernbereitschaft der kritisierten Person, zum zweiten die Zusicherung, daß die Kritiker im nachhinein ohne Repressionen bleiben, und zum dritten die Bereitschaft aller Teilnehmer, Konflikte ehrlich zu benennen (keine falsche Rücksichten zu nehmen), ohne neu zu verletzen. Voraussetzung für dieses Verfahren ist aber unbedingt eine gewisse Geübtheit im Umgang mit Konflikten und im Kritikgespräch.

Die Gruppe gibt sowohl der Person auf dem »heißen Stuhl« Schutz vor unsachlichen und ungerechten Angriffen aus der »Klägerseite« als auch den Kritikern Schutz vor aggressiven und verletzenden Verteidigungsschlägen des Kritisierten.

Wer sich der Kritik stellt, wird bald merken, daß die anderen ihn doch ganz gut finden. Nur das Selbstbild »Ich bin nicht okay« führt dazu, sich vor der Kritik drücken zu wollen und evtl. durch autoritären Führungsstil oder sogar Mobbing ablenken zu wollen, damit die anderen nicht merken, wie man sich selbst fühlt.

Gruppensitzungen: In Unternehmen mit stärkerer Streitkultur, in der die Beschäftigten bereits die Erfahrung von positiver Konfliktaufdeckung und -bewältigung machen konnten, ließen sich in gemeinsamen Sitzungen Konfliktgespräche führen. Das ist ein schnelles und effektives Verfahren, weil Konflikte unmittelbar nach der Aufdeckung gemeinsam mit allen beteiligten Personen gelöst werden können.

Dieses Verfahren verlangt viel Übung im Umgang mit Konflikten und setzt voraus, daß alle Diskussionsteilnehmer einander respektieren und bereit sind, sich in der Gruppe den Sorgen evtl. einer einzigen Person anzunehmen.

In Gruppen entstehen schnell verschiedene emotionale Interessen (z.B. Profilierungskämpfe, festgelegte Rollenmuster, etc.), die die sachliche Konfliktlösung deutlich erschweren. Zudem ist in solchen Gruppengesprächen die Wahrscheinlichkeit hoch, daß sich auch Unbeteiligte an dem Konfliktgespräch beteiligen wollen (als »Retter«) oder müssen (als Gruppenmitglied: »mitgefangen, mitgehangen«), was die Konfliktlösung nochmal verzögert. Die gruppendynamische Streitkultur ist damit wohl das effektivste, aber auch schwierigste Verfahren zur Konfliktaufdekkung.

Konflikte lösen

Sind die Konfliktpunkte ausreichend erkannt und benannt, ist es bis zur Lösung der Konflikte nur noch ein kleiner Schritt. Entscheidend ist in dieser Phase, alle Konfliktparteien einzubeziehen und nur den Kompromiß zu finden, den alle akzeptieren können. Je deutlicher die Gemeinsamkeiten als Ziele definiert und je klarer die Konfliktpunkte benannt sind, desto schneller und einfacher findet sich die sachliche Lösung.

Nur in seltenen Fällen wird sich das Ziel allein auf Kosten der Bedürfnisse eines Mitarbeiters erreichen lassen. D.h. aber, daß die Bedürfnisse des Mitarbeiters zu hoch oder die Ziele zu weit gesteckt sind. Dann ist es unbedingt nötig, daß die Führungskräfte eine deutliche Position vertreten. Jeder Mitarbeiter muß wissen, woran er ist. Bei langfristiger und sinnvoller Personalplanung dürften solche Situationen jedoch gar nicht erst entstehen.

Was kann der einzelne Vorgesetzte in seinem Unternehmen zum Betriebsfrieden beitragen?

Mitarbeiter haben hohe Erwartungen an ihre Vorgesetzten. Die meisten Beschäftigten bringen ihren Vorgesetzten ein Vorschußvertrauen entgegen, das Kompetenz in Sach- aber auch in Führungsfragen unterstellt. Wenn sich die Führungskräfte nur halbwegs diesen Erwartungen gemäß verhalten, werden sie in ihren Mitarbeitern loyale und kooperative Kolleginnen und Kollegen finden, von denen sie auch in schwierigen Situationen nicht im Stich gelassen werden.

Vorgesetzte sollten
- aufrichtig sein und dem einzelnen Mitarbeiter nach außen immer Rückendeckung geben.
- niemals einen Mitarbeiter vor anderen kritisieren, sondern die Kritikgespräche in ruhiger und geschützter Atmosphäre führen.
- regelmäßig Einzelgespräche führen.
- für Mitarbeiterinnen und Mitarbeiter erreichbar sein.
- zuhören können und reden lassen.
- Lob und Anerkennung geben.

Weiterhin sollten sie in ihren Abteilungen individuelle und kollektive »Ressourcen« schaffen. Dazu zählen:

- fachliche Kompetenz bezüglich der Beherrschung der Arbeitsmittel
- soziale und betriebspolitische Kompetenzen
- Einflußmöglichkeiten bei der Veränderung der Arbeitsbedingungen
- Handlungsspielräume in der Arbeit hinsichtlich der Planung der Arbeit, Reihenfolge der Arbeitsschritte und Arbeitspausen
- Sinngebung und Überschaubarkeit der Arbeit
- soziale und emotionale Unterstützung (Supervision, Schulungen, Ansprechpartner, z.B. Frauenbeauftragte, Betriebsarzt o.ä.)

Sie sollten sich auch immer wieder vor Augen führen, daß sie mit ihrem Verhalten den Maßstab für das Verhalten ihrer Mitarbeiter setzen. Überprüfen Sie selbstkritisch ihr eigenes Verhalten. Setzen Sie sich vielleicht sogar mit einem neutralen Supervisor auf den »heißen Stuhl«, um sich der Kritik ihrer Kollegen und Untergebenen zu stellen (Vorgesetzte in Mobbingabteilungen sind meistens unwissende »Mit-Mobber«).

Interne Kundenorientierung

Ein Instrument, um Mobbing gezielt zu verhindern, kann das Prinzip der sogenannten »Internen Kundenorientierung« sein. Hierbei handelt es sich um ein Verhaltensmodell, das ursprünglich im Zusammenhang mit den neueren japanischen Managementkonzeptionen, insbesondere dem »Total Quality Management« (TQM) entwickelt wurde. Ausgangspunkt dieses komplexen Managementkonzepts war die Überlegung, wie den gestiegenen Ansprüchen an Produkt- und Herstellungsqualität des Endprodukts begegnet werden kann, um so auch langfristig die Wettbewerbsfähigkeit eines Unternehmens zu sichern.

Um dies zu erreichen, will »Total Quality Management« die Koordination aller individuellen Arbeitsleistungen der im Unternehmen Beschäftigten verbessern. Gleichzeitig muß die Motivation jedes Mitarbeiters im allgemeinen und die Bereitschaft zu Zusammenarbeit im besonderen gefördert werden, was vor dem Hintergrund des Wertewandels die Berücksichtigung von Bedürfnissen nach mehr Selbständigkeit und Verantwortlichkeit beinhalten muß. Solche hohen Ansprüche erfordern mehr als umfangreiche Umstrukturierungen. »Total Quality Management« verlangt deshalb auch eine bestimmte Unternehmensphilosophie, die ein Verhaltensmodell, die sog. »(Betriebs-)Interne Kundenorientierung«, beinhaltet:

Jeder Mitarbeiter ist sein eigener Unternehmer.

Jeder im Unternehmen Beschäftigte soll sich vorstellen, er sei selbständiger Unternehmer, Anbieter oder Lieferant seiner Arbeitsleistung (»Interner Lieferant«). Sein Arbeitsplatz sei seine Firma, und wie am »echten« Markt hänge sein wirtschaftliches Überleben davon ab, qualitativ hochwertige Produkte anzubieten und sich stark kundenorientiert zu verhalten. Sein »Produkt« ist die eigene Arbeitsleistung und kann entweder (wie beispielsweise in der Produktion) ein materielles Gut oder (wie beispielsweise in der Verwaltung) eine Dienstleistung sein. Seine Kunden bzw. »Internen Kunden« sind alle diejenigen Kollegen, Mitarbeiter oder

Vorgesetzten, die bei ihm eine Leistung nachfragen und auf deren Bedürfnisse die Leistung zugeschnitten sein muß.

Jeder Mitarbeiter ist Kunde und Lieferant seiner Kollegen.

Anders als am Markt ist die Rollenverteilung Kunde/Lieferant aber dynamisch. Sobald ein Interner Lieferant nämlich selbst eine Leistung materieller oder immaterieller Art nachfragt, wechselt er von der Rolle des Internen Lieferanten in die des »Internen Kunden«; das Gleichgewicht zwischen geben und nehmen, zwischen fordern können und reagieren müssen, wird wiederhergestellt. So wird das ganze Unternehmen mit einem Netzwerk von Kunden-Lieferanten-Beziehungen durchzogen.

Was hat »Interne Kundenorientierung« mit der Verhinderung von Mobbing zu tun?

Bei Interner Kundenorientierung handelt es sich um ein Instrument, das jeden Mitarbeiter an die Abhängigkeit des Internen Lieferanten von seinen Internen Kunden, d.h. den unmittelbaren Kollegen und Mitarbeitern, erinnert. Es verhindert die Isolation einzelner, wirkt Anonymität entgegen und unterstreicht die Bedeutsamkeit, aber auch die Verantwortlichkeit jedes einzelnen für den Leistungserstellungsprozeß. Es vermittelt die Erfahrung, den Arbeitsbedingungen nicht ausgeliefert zu sein und ihnen hilflos gegenüberzustehen. Interner Kunde sein heißt, Einfluß auf die Güte der Zusammenarbeit nehmen zu können.

Die Chance steigt, eigene (arbeitsbezogene) Bedürfnisse und Wünsche äußern zu können, da der (verantwortungsbewußte) Interne Lieferant im Bemühen um kundenorientiertes Verhalten Kontakt zu seinem Internen Kunden suchen muß. Da jede Person abwechselnd die Rolle des Internen Kunden bzw. Lieferanten einnimmt, wird außerdem das Verständnis dafür verbessert, welche Schwierigkeiten sowohl in der Rolle des Empfängers als auch in der Position des Liefernden auftreten können. Interne Kundenorientierung muß »gelebt« werden. Da sie ausdrücklich Teil der Unternehmensphilosophie ist, kann man sie auch einfordern.

Interne Kundenorientierung ist eine Verhaltenskultur, die das Bewußtsein für die gegenseitige Abhängigkeit schärft und somit die Ausgrenzung oder psychische Zerstörung einzelner durch Mobbing vermeiden kann.

Zugleich verhilft das Prinzip der Internen Kundenorientierung dazu, mit den Kollegen respektvoll und rational umzugehen. Denn kein selbständiger Unternehmer wird seinen Kunden oder Lieferanten durch Psychoterror vergraulen, sondern höchstens in einem Reklamationsgespräch möglichst optimale Verbesserungen oder Preisnachlässe aushandeln wollen.

Interne Kundenorientierung bedeutet also im Grunde »nichts weiter« als ein institutionalisierter respektvoller und höflicher Verhaltenskodex, der im besten Fall auch freundschaftlichen Umgang miteinander erlaubt und im schlimmsten Fall sachliche Distanz schafft. Und das ist die beste Grundlage für eine positive Streitkultur ohne Mobbing.

Beispiele aus der Praxis

Mobbing ist (k)ein Führungsinstrument (Mobbing aus der Sicht eines Trainers)

In meiner Funktion als Management- und Unternehmensberater werde ich in die unterschiedlichsten Firmen gerufen. Da die meisten meiner Trainingsaufträge mit der Analyse der bestehenden Situation beginnen, habe ich immer wieder Einblick in die gesamte Firmenkultur der Unternehmen. In der Regel unterhalte ich mich dabei auch mit Mitarbeitern aus verschiedenen Hierarchiestufen.

Erstaunlich oft besteht ein starker Unterschied zwischen der Betrachtungsweise der Unternehmenskultur aus der Sicht des Chefs und der Sicht der Mitarbeiter. Selten habe ich einen Chef getroffen, der Mobbing in seinem Unternehmen vor seinen Mitarbeitern entdeckt hätte. Es gibt in den Führungsetagen so etwas wie eine Konflikt-Blindheit: Während in den unteren Hierarchiestufen alle Mitarbeiter von schweren Konflikten wissen, wird in den oberen Ebenen die Existenz von Mobbing bestritten. Mobbing scheint dort eine durchaus akzeptierte, teilweise auch willentlich geförderte Form der Unternehmenskultur zu sein.

Dabei tritt Mobbing besonders häufig in den oberen Führungsetagen auf. Wenn ich jedoch die Führungskräfte darauf anspreche, weisen sie es immer weit von sich, daß die genannten Konflikte irgend etwas mit Mobbing zu tun haben. So etwas gebe es bei ihnen nicht, behaupten sie.

Oder noch schlimmer: sie bagatellisieren ihre aggressive Umgehensweise und versuchen sich durch den marktwirtschaftlichen

Leistungsdruck oder durch ihren Erfolg zu rechtfertigen. Ich bin auf Unternehmer getroffen, die haben beim Thema Mobbing nur mit den Achseln gezuckt und gesagt: »Ich bin halt so. Und wäre ich nicht so, wäre ich nicht so erfolgreich.«

Es wird gesellschaftlich offenbar akzeptiert und oft sogar begrüßt, daß ein Unternehmer ›etwas härter‹ mit seinen Mitarbeitern umgeht – weil es eben immer schon so war. »Wo man hobelt, fallen Späne« oder »Lehrjahre sind keine Herrenjahre« sind Redewendungen, die schon viele Jahrhunderte überlebt haben und gerade von denen, die da »hobeln« oder »Herren« sind, am liebsten zitiert werden. Aggression und Erfolg stehen wie selbstverständlich in engem Zusammenhang.

Wirtschaftliche Rezession wird gerne als Alibi genutzt, um härter mit Mitarbeitern umzugehen. Scheinbar sachliche Erfordernisse des Marktes werden als »Persilschein« der eigenen Verhaltensstruktur betrachtet. Mit dem Argument »Wenn ich pleite bin, nützt mir Humanität nichts« wird dann in Teilbereichen außerordentlich brutal mit Mitarbeitern verfahren.

Dieses Verhalten ist natürlich sehr kurzsichtig. Erstens sinkt die Motivation der Mitarbeiter, sich noch fürs Unternehmen einzusetzen. Das Urvertrauen, das Mitarbeiter zu ihrem Chef haben, schwindet, wenn mit Verlust des Arbeitsplatzes gedroht wird. Denn wenn die Sicherheit in Frage gestellt wird, zählt Zugehörigkeit und Gemeinschaft nicht mehr, sondern es stehen nur noch die ganz persönlichen vitalen Interessen im Vordergrund. Im Zweifel liefert man lieber den Kollegen ›ans Messer‹ als sich selbst.

Es wird ohne Rücksicht auf Verluste, besonders in den oberen Etagen, Kleinkrieg von Abteilung zu Abteilung geführt. Diese Auseinandersetzungen gehen manchmal sogar soweit, daß Abteilungen nicht mehr miteinander kommunizieren. Die Mitarbeiter sabotieren sich gegenseitig anstatt zu produzieren. Das ist sicher kein Mittel zum Erfolg. Wenn dieses Unternehmen dennoch erfolgreich ist, dann nicht weil es dort Mobbing gibt, sondern **obwohl!**

Erfahrungsgemäß werden meine Gesprächspartner in den Unternehmen zugänglicher, wenn ich die Nachteile, die durch Mobbing entstehen können, deutlich aufzeige.

»Wenn ich nicht im Unternehmen bin, läuft hier gar nichts.«

Wie oft habe ich diesen Satz gehört; und wie selten hat er gestimmt! Wenn eine Führungskraft sich nicht traut in Urlaub zu fahren oder bereit ist, ohne Pause zu arbeiten, mit dem Argument »Ohne mich läuft hier nichts«, ahne ich schon, was rund um den Urlaub passiert:

Wenn solche »unabkömmlichen Führungskräfte« aus dem Urlaub zurückkommen, lähmen sie die gesamte Belegschaft oder Abteilung durch Aufdecken angeblicher Fehler oder Unfähigkeiten, die die Vertreter während der Stellvertreterschaft ausgelöst haben. Wenn dieses häufiger passiert oder gar durch Regelmäßigkeit zur Firmenkultur wird, ist Mobbing nicht mehr weit.

Mobbende Chefs sind beileibe keine Ausnahme; sie gehören fast zur Regel in der westlichen Wirtschaft. Fast alle Unternehmer nehmen sich am Arbeitsplatz mehr Rechte heraus als je ein Mitarbeiter haben kann; der Chef z. B. kommt und geht, wann er möchte, nimmt spontan ein paar freie Tage oder verlängert eigenmächtig die Mittagspause. Unternehmer, die einem starken Hierarchiedenken anhängen, messen die Leistungen ihrer Mitarbeiter und ihre eigenen mit verschiedenem Maß. Das frustriert, demotiviert und schürt Intrigen und Mobbing. Deshalb stelle ich Unternehmer immer auf den Mobbing-Prüfstein:

- Überprüfen Sie, wie Sie mit Intrigen und mit Informationen, die eher negativ sind, umgehen.
- Überprüfen Sie den Schriftverkehr, der von Ihrem Schreibtisch geht, darauf hin, wieviel Prozent davon positiv und lobend ist und wieviel Prozent davon kritisierend, negativ ist.
- Überprüfen Sie Ihr inneres Bild, das Sie von Ihren Mitarbeitern haben: Sind Ihre Mitarbeiter fähig oder unfähige Trottel?
- Fragen Sie sich, wann Sie sich das letzte Mal Zeit für sich selbst genommen haben, wann Sie Urlaub gemacht haben, wieviel Stunden am Tag Sie arbeiten »müssen«.
- Überprüfen Sie, wie häufig Sie in das Vertrauen der Mitarbeiter einbezogen werden.

- Stellen Sie aber bitte auch fest, welche Ihrer Mitarbeiter Sie nicht ansprechen, und versuchen Sie zu ergründen, warum Sie von diesen Mitarbeitern nicht angesprochen werden. Häufig sind das gerade die Mitarbeiter, die Mobbingopfer sein könnten.
- Überprüfen Sie Ihre innere Einstellung zum Konflikt. Sind Konflikte für Sie tabu oder sind Konflikte etwas, das weiterhelfen kann?

Und wenn ich merke, daß Unternehmer sich selbst kritisch auf den Mobbing-Prüfstein stellen, dann weiß ich, daß sie wirklich offen sind für positive Wege der Konfliktlösung. Solchen Unternehmern ist es immer gelungen, sich an die wichtigsten Faustregeln zu halten, die ich ihnen mit auf den Weg zu einer konfliktstarken Unternehmenskultur geben konnte:

Die ersten zehn Schritte

1. Halten Sie Konflikte für möglich. Sehen Sie Konflikte als eine konstruktive Möglichkeit an, neue Ideen zu erarbeiten, weiterzukommen und sich als Mensch zu festigen. Konflikte sind die erste Stufe zum Erfolg.
2. Stehen Sie zum Problem, und versuchen Sie es nicht zu umgehen. Lassen Sie es zu und definieren Sie es genau. Aber schauen Sie dabei nach vorne.
3. Machen Sie niemanden verantwortlich für das Problem, sondern schauen Sie in die Zukunft und überlegen Sie, was Sie tun können, um eine Lösung zu finden. Viele nutzen ein Problem, um andere schuldig zu machen und lösen damit neue Mobbingspiralen aus. Denn wenn Sie bewerten oder beurteilen, löst das leicht Schutzmaßnahmen der Beschuldigten aus, die sich vor der Kritik oder vor den zu befürchtenden Angriffen bewahren wollen. Es hilft nichts, Schuldige zu finden; wenn Sie Schuldige gefunden haben, ändert es an der Situation nichts. Sie sind Unternehmer, nicht Richter!
4. Wenn Sie das Problem oder den Konflikt als solchen erkannt haben, sammeln Sie alle Informationen, die mit dem Konflikt

in Zusammenhang stehen können. Auch hier ist es wichtig, keinerlei Bewertung im Sinne von gut oder schlecht, machbar oder nicht machbar vorzunehmen. Wie bei einem Brainstorming sollten Sie einfach nur Informationen sammeln, die irgendwie mit diesem Konflikt oder mit dem Problem zusammenhängen können. Wichtig ist immer wieder, das Ziel, nämlich eine Lösung zu finden, vor Augen zu haben. Dieses Ziel kann Ihnen helfen, weiterzukommen.

5. Wenn Sie genügend Informationen gesammelt haben, entwikkeln Sie unterschiedliche Lösungsansätze, und zwar möglichst mindestens drei. Denn erst bei drei Möglichkeiten können Sie wirklich frei entscheiden.
6. Erarbeiten Sie Entscheidungskriterien für die Problemlösung. Diese Entscheidungskriterien sollen sich am Ziel orientieren und festlegen, wonach wir unseren Konflikt lösen werden (z. B. finanzielle Rahmenbedingungen, zeitliche Erfordernisse, Dauerhaftigkeit der Lösung oder Wohlbefinden).
7. Überprüfen Sie alle Lösungsansätze nach diesen Entscheidungskriterien und entscheiden Sie gemeinsam mit allen Betroffenen – wenn möglich einstimmig – die Lösung und den Lösungsweg.
8. Dann überprüfen Sie oder lassen Sie überprüfen, daß und wie die Lösung durchgesetzt wird. Wichtig ist, daß Sie einen zeitlichen Rahmen schaffen. Aus meiner Erfahrung heraus scheitern viele gute Ansätze daran, daß nicht kontrolliert wird. Man macht zwar eine Besprechung und versucht, Konflikte zu lösen. Man findet auch Wege, setzt aber diese Wege nicht durch, weil das Tagesgeschäft einfach keine Zeit läßt, um zu überprüfen, ob die Konflikte wirklich gelöst wurden. Der Chef, der nichts dazugelernt hat, hat dann wieder neue Möglichkeiten, über die Dummheit seiner Mitarbeiter zu schimpfen, die noch nicht einmal in der Lage sind, den Weg, den er vorgezeigt hat, zu Ende zu gehen ... Deshalb betrachten Sie sich als wichtiges Element des Gesamtorganismus Unternehmen.
9. Treffen Sie sich nach einer vorher definierten Zeit wieder und klären Sie ab, ob alle mit dieser Lösung und diesen Lösungsansätzen zufrieden sind.

10. Wenn nicht, starten Sie wieder mit Punkt 1, nämlich gestehen Sie sich zu, daß Sie offensichtlich immer noch ein Problem haben, das noch nicht ausgeräumt ist.

Ich höre sehr oft in den Seminaren, daß es zu viel Zeit koste, das alles zu machen. Und ich antworte dann: »Mit ungelösten Problemen gewinnt man langfristig keine Zeit. Jetzt müssen Sie sich eben die Zeit nehmen, die Sie sich am Anfang nicht genug genommen haben. Denn erst dadurch sind die Probleme entstanden. Und deshalb bleibt Ihnen jetzt nur noch zu reagieren statt zu agieren. Sie haben leider keine Wahl. Probleme zu lösen dauert eben länger, als sie zu verursachen.«

Bitte lernen Sie als Chef, daß Sie niemanden dafür verantwortlich machen können, daß er noch nicht gelernt hat, wie man miteinander eine Streitkultur pflegt, sondern tragen Sie Ihren wesentlichen Anteil mit dazu bei, daß diese Streitkultur erlebt wird.

Seien Sie auch bitte realistisch genug, daß selbst bei optimaler Streitkultur Ihr Unternehmen nicht hundertprozentig mobbingfrei sein wird. Es wird immer wieder Auslöser geben, die Mobbing produzieren. Dabei ist es völlig egal, wer Schuld hat, denn Täter sowie Opfer tragen ihren Anteil an der Mobbingsituation. Konzentrieren Sie sich also immer mehr auf die Lösung als auf die Suche nach Schuldigen.

Wie können Sie sich als Vorgesetzter verhalten, wenn es zu Leistungsdefiziten bei einem Mitarbeiter kommt?

Wichtig hierbei ist folgender Gedanke: Gehen Sie davon aus, daß jegliches Verhalten, das ein Mensch zeigt, aus der Sicht dieses Menschen sinnvoll ist. Als Psychologe kann ich Ihnen versichern, daß kaum jemand Sie bewußt schädigen möchte oder jemand etwas bewußt falsch macht. Sondern ihm fehlen entweder Informationen oder er hat ein anderes Vorstellungsbild von der Gesamtsituation als Sie.

Um nun einen Mitarbeiter wieder in Richtung aufs gemeinsame Ziel einschwenken zu lassen, wird es erforderlich sein, ein Korrekturgespräch mit ihm zu führen.

Für die Qualität des Korrekturgesprächs ist entscheidend, wie dauerhaft das neue, bessere Verhalten sich beim Mitarbeiter etabliert.

Voraussetzung für ein sinnvolles Korrekturgespräch ist es, daß vorher die Ziele, die Leistungen und/oder die Verhaltensweise des Mitarbeiters definiert wurden. Der Mitarbeiter muß eindeutig wissen, was von ihm erwartet wird. In sehr vielen Firmen werden Korrekturgespräche oder Kritikgespräche als willkürliche Angriffe des Chefs gegen die Mitarbeiter verstanden, weil die Erwartungen und Wünsche des Chefs nur im Kopf des Vorgesetzten existieren. Der Mitarbeiter erfährt nicht genau, was der Chef eigentlich von ihm will. Bitte bedenken Sie, daß Ihre Mitarbeiter nicht die Fähigkeit des Gedankenlesens besitzen. Sie können nur das tun und das ausführen, was Sie ihnen mitteilen. Sie müssen es Ihnen sagen.

Wenn nun Abweichungen zu den betrieblichen Zielen vorhanden sind, hilft Ihnen das Phasenkonzept des Korrekturgesprächs weiter.

Das Korrekturgespräch

- Stellen Sie das Gesprächsziel heraus, wobei sichergestellt sein muß, daß dieses Gesprächsziel für beide Gesprächspartner akzeptabel sein muß. Gesprächsziel kann also nicht die Vergangenheit sein. Am Beispiel: Die Frage »Warum sind Sie zu spät gekommen?« hilft nichts. Gesprächsziel muß die Zukunft sein, also wählen Sie die Frage: »Was können wir tun, daß Sie mehr Spaß daran haben, pünktlich am Arbeitsplatz zu sein?«
- Im nächsten Schritt versuchen Sie die Hintergründe der zu korrigierenden Verhaltensweise zu ermitteln. Hierbei ist wieder wichtig: Machen Sie nicht schuldig, sondern versuchen Sie, Ansätze für eine Problemlösung zu finden.
- Zeigen Sie im nächsten Schritt auf, wohin das Verhalten des Mitarbeiters ohne Korrektur führen könnte. Dabei ist es wichtig, daß der Mitarbeiter einsieht, daß eine Korrektur sinnvoll ist.

- Dann erarbeiten Sie gemeinsam mit Ihrem Gesprächspartner das zukünftige konstruktive Handeln. Bleiben Sie im Feld der Realität. Es hat keinen Sinn, ein Gespräch zu beenden, von dem Sie schon während des Gespräches wissen, daß der Mitarbeiter die gestellten Forderungen nicht erfüllen kann. Um im Beispiel zu bleiben: wenn jemand zu spät kommt und sagt, er will jetzt pünktlich kommen, dann beginnt das Gespräch erst. Denn wie will er das anstellen, daß er jetzt pünktlich kommt? Wenn er antwortet, er würde seinen Wecker stellen, ergibt sich die Frage, ob er denn in der Vergangenheit seinen Wecker nicht gestellt hat. Wenn er antwortet, doch, aber er habe ihn nicht gehört, bleibt die Frage, was er tun will, um sicherzustellen, daß er den Wecker in Zukunft hört. – Wenn Sie wirklich sicher sein können, daß das neue Verhalten von beiden Seiten, auch von Ihnen, akzeptiert werden kann, dann erst sind Sie am Ziel des Gespräches angekommen.
- Im letzten Schritt gilt es, das emotionale Umfeld abzusichern: Sorgen Sie dafür, daß der Mitarbeiter das Korrekturgespräch als eine Bereicherung empfindet, weil Sie damit nichts anderes getan haben, als einen blinden Fleck, den der Mitarbeiter hat, aufzudecken und im Sinne des gemeinsamen Zieles, noch erfolgreicher zu sein und noch besser miteinander auszukommen, beseitigt zu haben.

Wenn Sie erleben, daß ein Mitarbeiter nach einem Korrekturgespräch doch nicht so handelt, wie Sie es sich vorgestellt haben, machen Sie bitte nicht den Mitarbeiter alleine dafür verantwortlich, sondern bedenken Sie, daß Sie als Führungskraft Fehler gemacht haben. Denn offensichtlich haben Sie nicht genug motiviert, um den Mitarbeiter zu neuem Verhalten zu bringen. Führen Sie also ein neues Korrekturgespräch, das die neuen bekannten Rahmenbedingungen einbezieht.

Das Anerkennungsgespräch

Wichtige Schritte, die vom Mobbing weghelfen, sind Lob und Anerkennung. Auch um zu loben und anzuerkennen ist es wichtig, daß die Leistungen, die von den Mitarbeitern erwartet werden, vorher definiert sind. Anerkennung muß eine logische Konsequenz auf erreichte oder überschrittene Leistungen sein. Der Mitarbeiter muß ein Recht auf Anerkennung haben. Anerkennung darf nichts Willkürliches sein, das in der Macht des Vorgesetzten liegt, das mal so oder so, je nach Lust und Laune gegeben wird.

Anerkennung muß immer dann ausgesprochen werden, wenn

- eine gestellte Anforderung übertroffen wird.
- beständig Anforderungen erfüllt werden.
- ein Mitarbeiter eine Mindestanforderung erfüllt, die er normalerweise sonst nicht erfüllt.

Auch Anerkennung kann nach einem strukturierten Gespräch ablaufen.

- Geben Sie zuerst einen allgemeinen Hinweis, was Sie meinen, und nennen Sie dann die besonderen Beispiele der Leistung.
- Erwähnen Sie persönliche Eigenschaften, die Ihrer Meinung nach zur erfolgreichen Leistung beitrugen, wobei Sie diese persönlichen Eigenschaften bitte nicht bewerten sollten, sondern nur herausheben, was dazu nötig war, um diese Leistung hervorzubringen. Wenn Sie also einen Mitarbeiter haben, der freiwillig Überstunden gemacht hat, dann sollten Sie nicht sagen: »Es war gut, daß Sie Überstunden gemacht haben«, sondern Sie sollten herausarbeiten, was es für den Mitarbeiter bedeuten kann, z. B. seine privaten Interessen hintanzustellen und Firmeninteressen in den Vordergrund zu rücken.
- Sie sollten natürlich auch erwähnen, was Sie als Chef, was die Niederlassung, die Firma oder Sie als Manager dabei für einen Nutzen haben, der Ihnen weiterhilft.
- Wenn Sie ein Anerkennungsgespräch führen, sollten Sie das unter vier Augen tun. Denn dadurch, daß einer Ihrer Mitarbeiter herausgehoben wird, kann möglicherweise bei anderen

Neid ausgelöst werden. Wenn Sie häufiger einen einzelnen Mitarbeiter, weil er so gut ist, anerkennen, können Sie schon dadurch wieder eine neue Mobbingsituation schaffen. Denn dieser Mitarbeiter wird dann möglicherweise als Streber oder als Angeber abgestempelt und hat es schwer, sich im Umfeld der Gleichgestellten durchzusetzen. In Deutschland ist es häufig so, daß es dem Belobten peinlich ist, daß er herausgehoben wird, und er reagiert mit Ausflüchten oder mit Herabsetzungen seiner eigenen Leistung.

- Wenn eine Gruppe eine Leistung vollbracht hat, soll natürlich die gesamte Gruppe das Anerkennungsgespräch erleben. Aber dann wird die Gruppe als Einheit betrachtet, und somit wäre es gewissermaßen auch wieder ein Gespräch unter vier Augen.

Fazit: Wenn Sie als Unternehmer, Vorgesetzter oder auch als Betroffener verantwortungsvoll mit Ihrer Umwelt, mit Ihren Mitmenschen und auch mit sich selbst umgehen, wird die Chance, daß Mobbing entstehen kann, gering sein. Mobbing ist ein Zustand, der gerne verdrängt und verleugnet wird. Erst dann, wenn ich es als mögliche Option ansehe, daß ich entweder Opfer von Mobbing sein kann oder auch selber durch mein Verhalten Mobbingfälle auslösen kann, werde ich wachen Blickes sein und die Symptome für Mobbing erkennen können.

Wenn Mobbing erkannt wird, ist die Hauptarbeit schon geleistet. Jetzt gilt es, dieses Mobbing als normalen Konflikt zu betrachten und zu bewältigen. Wenn Sie eine für alle akzeptable Lösung gefunden haben und das emotionale Umfeld abgesichert ist, werden Sie merken, daß Sie sich durch diese bewußte Verhaltensweise einen positiven, sicheren und liebenswerten Arbeitsplatz schaffen können.

Achten Sie also schon aus purem Egoismus heraus darauf, ob in Ihrer Firmenumwelt bei anderen oder bei Ihnen selbst Mobbing auftritt. Der Weg in eine erfolgreiche und harmonische Zukunft ist sicher nicht leicht, aber machbar.

Der Fisch stinkt am Kopf zuerst (Mobbing aus der Sicht eines Unternehmers[3])

Die Ausgangssituation

Als wir eine Beratungsfirma beauftragten, ein Unternehmenscoaching durchzuführen, hatten wir glücklicherweise keine Mobbingopfer – noch nicht. Aber wir spürten Unzufriedenheit und Kompetenzgerangel unter den Mitarbeitern.

Wir hatten – und haben sicherlich immer noch – eine extreme »Nett«-Kultur. Sehr viele Mitarbeiter sind miteinander befreundet und verbringen auch ihre private Freizeit miteinander. Bei der Analyse der Unternehmensberatung sagten mehrere Mitarbeiter, daß sie nicht in die Firma gehen, sondern daß sie das Gefühl haben, nach Hause zu kommen – was natürlich zunächst sehr positiv erscheint. Doch gab es schon immer eine ausgeprägte Cliquenwirtschaft, in der einer den anderen sehr stark in Schutz nahm. Und genau das ist ein Problem. Denn dieses Grundgefühl hat in der Gemeinschaft dazu geführt, daß keiner den anderen kritisieren mochte und daß alles immer so ein bißchen glattgeschoben wurde.

Allerdings ist es vermutlich auch aufgrund der großen Sympathie füreinander – trotz einiger Konflikte – nicht soweit gekommen, daß einzelne Mitarbeiter fertiggemacht wurden.

Wir haben insgesamt 690 Mitarbeiter. Als ich die ersten Anzeichen für Unmut und Kompetenzgerangel spürte, habe ich einzelne Mitarbeiter darauf angesprochen, ohne sie dazu zu verleiten, über irgendwelche Kollegen herzuziehen, was gerade in Krisenzeiten besonders schwierig ist.

Dabei ist herausgekommen, daß die Mitarbeiter sich ihrer Posi-

3 Obgleich das Beispiel vollkommen authentisch ist, haben wir alle Angaben zu dem betreffenden Unternehmen, den darin arbeitenden Personen u. ä. geändert. Konflikte im Betrieb – selbst wenn sie im frühen Stadium durch engagierten Einsatz der Geschäftsleitung gelöst werden konnten – sind offenbar noch immer ein so großes Tabu, daß der Unternehmer darauf bestand, nicht im Zusammenhang mit Mobbing genannt zu werden. Wir haben darum einen realen Fall anonymisiert. Ähnlichkeiten mit anderen Unternehmen sind sicher nicht zufällig, aber nicht beabsichtigt.

tion und ihrer Einordnung innerhalb unserer Struktur nicht mehr sicher waren. Sie wußten nicht mehr genau, wer ihnen eigentlich etwas sagen darf und wer nicht, wem sie etwas sagen dürfen und wem nicht.

Das machte mir, als ich es von verschiedenen Seiten hörte, deutlich, daß wir ein grundsätzliches Problem hatten, das alle Mitarbeiter betraf. Also haben wir gesagt, daß da jemand Kompetentes von außen helfen muß. Die Mitarbeiter waren spontan begeistert, haben alle sehr engagiert mitgearbeitet und sich extrem geöffnet. Und ganz offensichtlich auch den deutlichen Wunsch gehabt, einer neutralen Person gegenüber mal zu sagen, was ihnen mißfällt.

Es war von Vorteil, daß es jemand Fremdes war, einfach weil die Mitarbeiter sich natürlich einmal über ganz bestimmte Kollegen auslassen wollten. Das hätten sie bei mir nicht gemacht, einfach um einen Kollegen nicht zu »denunzieren«.

Die Analyse

Die Berater haben einen Fragebogen mit allen Mitarbeitern durchgearbeitet und anschließend dazu einen Bericht angefertigt. Die Analyse brachte die Ursache für unsere Probleme ans Licht:

Das Unternehmen gibt es jetzt seit acht Jahren. In der Anfangsphase haben wir sehr viel mit Studenten gearbeitet und einige dieser Studenten sind dann auch bei uns geblieben. Sie arbeiten heute noch hier und sind auch in die höheren Ebenen aufgestiegen.

Wir sind schnell gewachsen und haben ständig neue Mitarbeiter eingestellt und angelernt. Vor circa zwei Jahren haben wir damit begonnen, qualifiziertes Personal von außen dazuzunehmen, zum Teil auch Leute, die sogar kompetenter sind als das »Stammpersonal«.

Und das hat zu Schwierigkeiten geführt. Denn unter diesen Umständen ist es für beide Parteien – die alten wie die neuen Mitarbeiter – sehr schwer, plötzlich miteinander zu arbeiten. Auf einmal kommt ein Fremdkörper hinzu, und in den Köpfen entwickelt sich ein neuer Gedanke: Gegen die muß ich mich schützen und meine Position verteidigen. Das war neu, und damit konnten vor allem die alteingesessenen Mitarbeiter nur sehr schwer umgehen.

Das Ergebnis der Analyse wurde allen Mitarbeitern vorgestellt und mit ihnen diskutiert. Die externen Berater haben uns allen präsentiert, wie sie die Situation in unserem Unternehmen beurteilen und wo sie Probleme sehen; und diese Probleme haben die Mitarbeiter dann auch einstimmig bestätigt. Diese Prozedur ging sehr schnell, nach einer Woche waren wir schon einen wichtigen Schritt weiter.

Alle waren begeistert, fühlten sich verstanden und erwarteten nun, daß wir aus der Geschäftsführung weitere Dinge einleiten würden, um die Probleme, die da waren und die erkannt waren, zu lösen. Was wir auch sofort angingen.

Die Problemlösung

Klare Strukturen

Wir mußten – und das war leider sehr mühsam – sehr viel an unserer Struktur arbeiten. Wir hatten nämlich festgestellt, daß die Aufgabenbeschreibungen unserer Mitarbeiter zum Teil veraltet bzw. gar nicht vorhanden waren. Wir haben diesen ganzen Bereich komplett überarbeitet, ein neues System ausgearbeitet und ein funktionsorientiertes Organigramm erstellt. Das haben wir knapp acht Wochen später unseren Mitarbeitern präsentiert.

Seminare

In der Zwischenzeit haben wir auch damit begonnen, Seminare für die Betroffenen in den einzelnen Problemfeldern anzubieten und wollen das dauerhaft fortführen. Das hilft jedem im kollegialen Miteinander und motiviert die einzelnen Mitarbeiterinnen und Mitarbeiter.

Coaching

Es war auch klar, daß wir einigen ein persönliches Coaching geben mußten, wenn wir nicht den einen oder die andere – und da geht's natürlich langsam in Richtung von Mobbing – verlieren wollten, einfach weil er oder sie innerlich zu zerbrechen drohte. Sie sollten wieder lernen, ihre Position zu sehen, zu wissen, wo sie stehen. Sie sollten wissen, daß das, was sie machen, wichtig und richtig ist, und Möglichkeiten kennenlernen, wie sie den anderen gegenüber Position beziehen können oder sich überhaupt einfach verhalten sollen. Es geht ja nicht ums Behaupten oder darum, die anderen jetzt wiederum zu überflügeln, sondern vor allem darum, wie man handelt und verhandelt, wie man Kritik übt, ohne von oben herab zu lamentieren oder zu verurteilen.

Kompetente Personalbetreuung

Wir haben uns außerdem in der Führungsmannschaft durch eine sehr kompetente Kraft extrem verstärkt, die ganz schnell dazu beigetragen hat, die Geschäftsleitung zu entlasten. Diese vor allem im Bereich Personalführung kompetente Führungskraft bietet unabhängig von der Geschäftsleitung die Möglichkeit, Konflikte zu klären, Probleme auf den Tisch zu bringen und zu lösen.

Das hat sich sehr positiv ausgewirkt. Man kann in der Geschäftsführung nicht nebenbei die Personalbetreuung abwickeln. Dazu ist unsere Firma zu schnell zu groß geworden, um neben den sonstigen Führungsaufgaben auch die interne Organisation komplett durchzustrukturieren und zu betreuen. Deshalb haben wir Unterorganisationen gebildet, die für sich allein stabil sind und wo jeweils jemand ist, der Autorität genug hat, die Gruppe auch mal ohne die Chefs zu führen.

Selbstkritik

In diesem ganzen Umstellungsprozeß hat sich auch meine Rolle als Unternehmer verändert. Es gibt ein bekanntes Sprichwort: »Der Fisch stinkt am Kopf zuerst«. Ich sehe es in der Zwischenzeit wirklich so, daß die Nachlässigkeiten auf der Geschäftsführungsebene passiert sind. Wir haben nicht schnell genug bemerkt, daß strukturelle Veränderungen notwendig gewesen sind. Akquisition, Neugeschäft, Kundenbetreuung sind wichtig, ohne Frage. Aber man muß sich eben auch um den internen Bereich kümmern.

Als auf einmal ein paar Mitarbeiter überfordert waren, hieß das nicht, daß sie in irgendeiner Form »Schuld« daran hatten, sondern das hieß, daß wir einfach zu spät erkannt hatten, daß etwas geändert werden mußte.

Wenn man ein gutes Verhältnis hat, und wenn man offen darüber spricht, dann verzeiht ein Mitarbeiter dieses Versäumnis und versucht, konstruktiv mitzuhelfen, die negative Situation positiv zu verändern.

Die Analyse und der Lernprozeß haben mich durchaus gestreßt. Es ist ganz schön nervenaufreibend, wenn plötzlich das Gewohnte ins Wanken gerät. Denn in dem Moment, wo man in eine Sache reinsticht und beginnt, sich damit zu beschäftigen, dann tun sich ja faule Stellen ohne Ende auf. Im ersten Moment ist alles sehr unübersichtlich, man weiß gar nicht, wo man anfangen soll. Die Unterstützung durch eine außenstehende Unternehmensberatung hat uns dabei immens geholfen.

Verändertes Führungsverhalten

Wir brauchten dringend Feedback auf unser Verhalten in der Geschäftsführung. Auch da sind Fehler passiert. Zum Teil haben wir die Mitarbeiter nicht so behandelt, wie sie es von uns erwartet haben. Wir hatten selbst immer gedacht: Alles ist prima. Es ist gar nicht so prima, denkt der Mitarbeiter.

Alle spürten, daß die Meetings ineffizient waren, aber keiner machte sich die Probleme wirklich bewußt. Und darum wußten wir auch nicht, was man ändern soll, damit es besser läuft.

Herausgekommen ist bei der Analyse, daß wir uns in der Geschäftsleitung extrem dominant dargestellt und den Mitarbeitern zu wenig Raum gelassen haben. Hätte man mich vorher gefragt, so hätte ich das für ausgeschlossen gehalten.

Aber dann bekam ich sozusagen die Augen geöffnet und merkte: Es sind zwar wirklich nur Kleinigkeiten, die man immer wieder verkehrt macht, aber dadurch bewegt man eine Sache stetig in die falsche Richtung.

In Meetings mit unseren Führungskräften haben wir die ganze Zeit geglaubt, daß diese Führungskräfte ein bißchen zu sehr gefordert sind in vielen Bereichen. Was dann zur Folge hatte, daß wir sehr viel vorbereitet und ihnen jede Menge Entscheidungshilfen zur Verfügung gestellt haben. Netterweise, wie wir fanden. In Wirklichkeit aber hatte das dazu geführt, daß die Führungskräfte mehr und mehr verunsichert wurden, weil sie den Eindruck bekamen, daß sie eigentlich nicht das erbringen, was wir uns vorstellten. Und damit begann ganz schnell ein Teufelskreis: Die Führungskräfte wurden immer stiller, verstummten fast und hörten immer mehr auf, selbst konstruktiv zu sein und selbst zu denken. Manchmal hatten wir in Meetings wirklich das Problem, daß kaum noch gesprochen wurde. D.h. wenn wir den anderen eine Entscheidung abverlangten, dann kam keine Reaktion, und schließlich haben wir uns selber geantwortet. Dann wußten zwar alle, wo es langgeht, aber auf die Dauer ist das für alle Beteiligten unerquicklich.

Deshalb war es ganz wichtig, daß wir aus dieser Öde ganz schnell wieder herausgekommen sind. Jetzt haben wir alle – also die Geschäftsführung und alle Mitarbeiter – dieses Problem erkannt und können wieder offen und konstruktiv miteinander arbeiten.

Das Umlernen ist zunächst schon sehr schwer. Aber es lohnt sich. Ich denke, daß es uns gelungen ist, unsere Probleme im Keime zumindest einzudämmen. Ganz weg sind sie noch nicht, wir werden auch noch weiter daran arbeiten, aber im Moment ist die Zufriedenheit sehr viel größer geworden. Und – tja – gegangen ist keiner!

»Da bleibt einem die Luft weg« (Mobbing aus der Sicht eines Arztes[4])

Als Mediziner sind mir die Zusammenhänge, die unter Mobbing beschrieben werden, schon längere Zeit bekannt. Die Phänomene treten unter verschiedensten Namen auf, und in den meisten Fällen ist der Arzt der erste professionelle Ansprechpartner. Denn die verdrängten und unbewältigten Konflikte der Berufswelt erscheinen schließlich als körperliche Beschwerden. Gerade deshalb ist es erfreulich, daß inzwischen ein Konzept – mit dem eingängigen Namen »Mobbing« – über die Zusammenhänge von psychischen Konflikten am Arbeitsplatz und dem Arztbesuch aufgrund von physischen Beschwerden entwickelt wurde.

Zwei Patientengruppen

Bei der täglichen Arbeit in einer allgemeinmedizinischen Praxis wird schnell offenbar, daß sich das berufstätige Klientel bei einem Erkrankungsfall in zwei grobe Gruppen einteilen läßt.

Die erste Gruppe tritt den Besuch mit der Formulierung an: »Krankschreiben geht im Augenblick nicht, wir haben zu viel im Betrieb zu tun.« Die andere Gruppe läßt sich mit dem fordernden Satz charakterisieren: »Damit kann ich aber nicht arbeiten, Herr Doktor!« Sie möchten also den gelben Schein.

Bei der ersten Gruppe fällt schon im kurzfristigen Umgang mit den Patienten sehr deutlich auf, daß die Krankheit als Störfaktor in einem sonst zufriedenstellenden Arbeitsleben betrachtet wird. Die »Wir«-Formulierung verweist auf eine weitgehende Identifikation der eigenen persönlichen Bedürfnisse mit den betrieblichen Anforderungen.

Im Rahmen meiner betriebsärztlichen Tätigkeit habe ich solche Patienten sehr oft in Betrieben mit kleinen, harmonisch funktionierenden Abteilungen oder Arbeitseinheiten gefunden. Dabei fiel auf, daß äußere Arbeitsumstände – viel Arbeit, schlechte Ar-

4 Klaus D. Eiffert, Facharzt für Innere Medizin und Allgemeinmedizin mit umfassender betriebsmedizinischer Erfahrung, Hamburg.

beitsbedingungen, Termindruck – keine primären krankheitsauslösenden Faktoren waren. Der Wunsch, in die Zufriedenheit vermittelnde Arbeitsgruppe zurückzukehren, war stärker, als krank zu Hause zu sein.

Diese Patienten wollen möglichst schnell wieder gesund sein. Sie drängen auf schnelle, effiziente Behandlung.

Die andere Gruppe setzt andere Schwerpunkte. Bei der Untersuchung der Befindlichkeitsstörung muß ein Screening-Prozeß stattfinden, der das geäußerte Symptom als Befindlichkeitsstörung oder als Ausdruck einer beginnenden schweren Erkrankung einordnet. Das ist letztlich die vordringliche Aufgabe des Allgemeinarztes.

In diesem Differenzierungsvorgang wird durch Befragen und Erarbeiten der Krankheitsgeschichte das Material gesammelt, das die Einordnung in ein diagnostisches Konzept erfordert. Wer mit wachem Ohr die Schilderung seines Patienten wahrnimmt, wird gerade auf dem psychosomatischen Gebiet eine Fülle von verbalen Signalen bekommen. Frappierend ist immer wieder, daß die Mehrzahl der psychosomatisch Betroffenen selbst den Zusammenhang zwischen auslösendem Konflikt am Arbeitsplatz und daraus resultierendem, somatisiertem Symptom nicht erkennt.

Diagnoseinstrument »Sprache«

Bereits aus der Analyse der Sprache läßt sich der unterbewußte Zusammenhang oft herleiten. Hier eine kleine Auswahl von typischen Patientenäußerungen, die im wahrsten Sinne des Wortes »für sich« sprechen:

»Es bedrückt mich.«
»Es lastet auf mir.«
»Es nimmt mir die Luft.«
»Da bleibt einem die Luft weg.«
»Ich kann es nicht mehr hören.«
»Ich finde es zum Kotzen.«
»Es geht mir an die Nieren.«

»Ich bin verschnupft.«
»Ich werde gallig.«
»Ich hab die Hose voll, ich hab Schiß.«
»Ich platze gleich.«

Wieviele Diagnosen in diesen Äußerungen verborgen sind, wird auch dem Nichtmediziner durch die bildhafte Sprache des Patienten klar. Wenn dann Sprache und Symptom zusammenpassen, müßte die Notwendigkeit einer entsprechenden Exploration durch den Hausarzt klar sein.

So stehen Äußerungen wie »Es bedrückt mich« oder »Es lastet auf mir« mit Achsenerkrankungen, Halswirbelsäulen-, Brustwirbelsäulen- oder Lendenwirbelsäulenerkrankungen (im wesentlichen also verspannungsbedingten Problemen) in Zusammenhang. Atemnot, Asthma, überhaupt Beschwerden des Atemtraktes, sind in den Sätzen wie »Es nimmt mir die Luft«, »Da bleibt einem die Luft weg« oder »Ich kann da nicht mehr atmen« versteckt. Wer würde bei »Ich platze gleich« nicht den Blutdruck messen? So kann auch der Hörsturz das psychosomatische Korrelat zu der Äußerung »Ich kann es nicht mehr hören« sein.

»Ich habe Schiß«

Ein Beispiel aus meiner täglichen Praxis: Ein 46jähriger Mann, der als Außendienstmitarbeiter in einem Dienstleistungsunternehmen tätig ist, kam in meine Ambulanz und berichtete mir über zunehmende Schlafstörungen und seit zwei Wochen wiederholt auftretende »durchfällige Stühle«. Er wünschte von mir Medikamente, die seine Schlafstörungen und die Durchfälle beheben sollten. Außerdem äußerte er den Wunsch, sich krankschreiben zu lassen, weil er mit Durchfall in seinem Beruf nicht arbeiten könne.

Meine Untersuchung und die weitere ärztliche Anamnese ergaben eigentlich keine somatischen Hintergründe seiner Befindlichkeitsstörungen. Da eine Arbeitsunfähigkeit sich immer auf die konkrete Tätigkeit des Klienten beziehen muß, schloß sich hier für mich leicht die Frage nach den Arbeitsplatzbedingungen an.

Auf genaueres Fragen hin berichtete dann der Patient, daß ihm mitgeteilt worden war, daß seine Außendiensttätigkeiten für etwa den halben Preis bei einem extern tätigen Unternehmen eingekauft werden konnten. Die Unternehmensführung hatte ihn darüber informiert, daß die Abteilung in den nächsten fünf Jahren aus ökonomischen Überlegungen aufgelöst werden sollte. Die Situation des Betroffenen wurde verschärft, weil er durch eine Werkswohnung existentiell an diesen Arbeitsplatz stärker gebunden war, als es bei anderen Arbeitnehmern üblich ist.

Nach diesen Erläuterungen stellte sich für mich die ganze Symptomatik in einem neuen Licht dar. So war der Durchfall letztlich Ausdruck seiner Existenzangst und die Schlaflosigkeit Ausdruck seiner Sorge. Weder ein Medikament aus der Schlafmittelreihe noch ein Mittel zur Behandlung von Magen-Darm-Störungen hätte hier eine hilfreiche Wirkung gehabt.

Auch hier wurde der Zusammenhang zwischen betrieblicher Konstellation und somatischer Befindlichkeit erst im Gespräch miteinander offenbar, so daß die Einforderung von Medikamenten sich mit dieser Erkenntnis für den Patienten erübrigte. Der Patient begriff nun selbst die Zusammenhänge zwischen seinen äußeren Rahmenbedingungen und seinem Krankheitsbild. Er selbst verzichtete dann auf die Medikamente und bat um Verhaltensregeln, wie er mit dieser Befindlichkeitsstörung denn weiter umgehen sollte.

Krankmacher »Betriebspolitik«

Es ist für einen erfahrenen Praktiker immer wieder überraschend, welche trostlosen Betriebslandschaften durch unabgestimmte Rationalisierungsmaßnahmen und durch »Denken mit spitzem Bleistift« provoziert werden.

Als Mediziner begreife ich, daß die Schließung einer Abteilung durchaus sinnvoll für ein Wirtschaftsunternehmen sein kann. Je schneller und je entschiedener jedoch für den einzelnen Klarheit über seine Zukunft geschaffen wird, desto geringer bleibt das Risiko zur Flucht in psychosomatische Reaktionen. Als Arzt kann ich dem Patienten in diesem Fall einen Lösungsweg anbieten, indem ich ihm bei der Bewußtmachung der Zusammenhänge helfe, ihm Denkanstöße zur Erarbeitung eines Konzeptes für seine berufliche Zukunft biete und ihm die Sicherheit gebe, daß körperlich alles in Ordnung ist.

Thematisch sortierte Literaturliste

Arbeitspsychologie

Angststörungen: Diagnose und Therapie: Themen der 20. Verhaltenstherapiewoche 1989; Fliegenbaum, Wolfgang u. a. (Hg.) – München: 1990

Arbeit – die seelischen Kosten!: Thema: Arbeit und Psyche – Weinheim: 1988

Arbeits- und Betriebspsychologie: Verantwortung und Leistung, Methner, Helmut/Gebert, Alfred (Hg.) – Köln/Bonn: 1988

Benesch, Hellmuth: Wörterbuch zur Klinischen Psychologie Bd. 2: Konflikttheorie – Verhaltensstörung – München: 1981

Berkel, Karl: Konfliktforschung und Konfliktbewältigung: Ein organisationspsychologischer Ansatz – Berlin: 1984

Das Bild der Arbeit, Frei, Felix/Udris, Ivars (Hg.) – Bern: 1990

Borg, I./Braun, M.: Arbeitsethik und Arbeitsinvolvement als Moderatoren der psychologischen Auswirkungen von Arbeitsplatzunsicherheit, in: Arbeits- und Organisationspsychologie, 36. Jg. (N. F. 10) 4

Breuer, W./Friedrich, W./Steffen, J.: Positivbeispiele psychisch förderlicher Arbeitsmomente: Literaturstudie, Institut für Sozialforschung und Gesellschaftspolitik e. V. Köln (Hg.) – Bremerhaven: 1985

Debereux, Georges: Angst und Methoden in den Verhaltenswissenschaften – München: 1973

Hacker, Winfried: Arbeitspsychologie. Psychische Regulation von Arbeitstätigkeiten – Bern: 1986

Hoff, Ernst H.: Arbeitsbiographie und Persönlichkeitsentwicklung – Bern: 1985
Marstedt, Gerd/Mergener, Ulrich: Psychische Belastungen in der Arbeitswelt: Theoretische Ansätze, Methoden und empirische Forschungsergebnisse – Opladen: 1986
Psychologen gestalten die Zukunft: Anforderungen und Perspektiven; Helmut/Gebert, Alfred (Hg.) – Bonn: 1990
Psychologie in Betrieb und Verwaltung; Leitthema »Traditionelle und künftige Aufgaben der Psychologie in Betrieb und Verwaltung«; Methner, Helmut (Hg.) – Wiesbaden/Bonn: 1986
Psychologie und Arbeit: Arbeitspsychologie im Dialog; Udris, Ivars/Grote, Gudela (Hg.) – Weinheim: 1991

Arbeitspsychologie/Transaktionsanalyse

Schmidt, Rainer: Richtig miteinander reden: Transaktionsanalyse im Alltag: Wie Sie Betriebsergebnisse und Betriebsklima durch erfolgreiche Kommunikation verbessern; Arbeitsbuch für Berufstätige – Landsberg am Lech: 1987

Arbeitspsychologie/Familientherapie

Schlippe, Arist von: Familientherapie im Überblick. Basiskonzepte, Formen, Anwendungsmöglichkeiten – Paderborn: 1991

Arbeitspsychologie/Arbeitsrecht

Fechner, Erich: Probleme der Arbeitsbereitschaft. Arbeitsbereitschaft und verwandte Erscheinungen in der Ordnung der Arbeit – Tübingen: 1963
Hase, Karl von: Belästigungen und Beleidigungen des Arbeitnehmers durch Vorgesetzte – Universität Heidelberg: 1991
Hoyningen-Huene, v.: Belästigungen und Beleidigungen von Arbeitnehmern durch Vorgesetzte, in: Betriebs-Berater (BB), Hf. 31, 1991
Innerbetriebliche Arbeitnehmerkonflikte aus rechtlicher Sicht; Tomandl, Theodor (Hg.) – Wien: 1977

Materne-Ede, Karin: Das Betriebsklima und die Arbeitssituation in einer zahnärztlichen Praxis aus der Sicht der Auszubildenden: eine Pilotstudie – Med. Hochschule Hannover: 1991

Arbeitssoziologie

Altmann, Norbert/Duell, Klaus/Lutz, Burkart (Inst. für Sozialwissenschaftliche Forschung, Hg.): Zukunftsaufgaben der Humanisierung des Arbeitslebens: Eine Studie zu sozialwissenschaftlichen Forschungsperspektiven – Frankfurt/New York: 1987

Arbeit – Luxus, Lebenselixier und Last: Der soziale und psychologische Bedeutungswandel der Arbeit; Bette, Heinrich/Mast, Josef/Reinbold, Klaus J. (Hg.), Arbeitsgemeinschaft für Gefährdetenhilfe und Jugendschutz in der Erzdiözese Freiburg e. V. – Freiburg: 1989

Löffler, Reiner: Die Definition von Arbeitsituationen. Plädoyer für eine neue Arbeitssoziologie – Augsburg: 1991

Löffler, Reiner/Sofsky, Wolfgang: Macht, Arbeit und Humanität: Zur Pathologie organisierter Arbeitssituationen – Augsburg: 1986

Subjektorientierte Arbeits- und Berufssoziologie; Bolte, Karl M./Treutner, Erhard (Hg.) – Frankfurt/New York: 1983

Arbeit/Medizin/Medizinsoziologie

Gerhardt, Uta: Ideas about Illness: An Intellectual and Political History of Medical Sociology – London: 1989

Langenmayr, Arnold: Krankheit als psychosoziales Phänomen: Eine Einführung für Mediziner, Psychologen, Soziologen und Berater – Göttingen u. A: 1980

Mourgues, Bernhard: Arbeitsmedizin: 2 Stellungnahmen; Bd. 1: Etty, Thomas: Arbeitsbedingte Krebserkrankungen; Europäische Gemeinschaft – Brüssel: 1985

Overbeck, Gerd: Krankheit als Anpassung: Der sozio-psychosomatische Zirkel – Frankfurt a. M.: 1984

Schnabel, Peter E.: Krankheit und Sozialisation: Vergesellschaftung als pathogener Prozeß – Opladen: 1988

Innerbetriebliche Kooperation

Bramson, Robert M.: Schwierige Leute – und wie man am besten mit ihnen umgeht – Reinbek bei Hamburg: 1990
Edwards, Richard: Herrschaft im modernen Produktionsprozeß – Frankfurt/New York: 1985
Endress, Ruth: Strategien und Taktik der Kooperation: Grundlagen der zwischen- und innerbetrieblichen Zusammenarbeit – Berlin: 2. überarb. Auflage 1991
Klein, Paul: Fallstrick Intrige: Intrigen im Betrieb rechtzeitig erkennen und wirkungsvoll abwehren – Kissing: 1980
Klis, Manfred: Überzeugung und Manipulation – Wiesbaden: 1970
Knoepfel, Hans K.: Die Beziehungen zwischen Chef und Mitarbeitern – Bern: 1979
Kooperation: Gestaltungsprinzipien und Steuerung der Zusammenarbeit zwischen Organisationseinheiten; Wunderer, Rolf (Hg.) – Stuttgart: 1990
Personal-Management: Zukunftsorientierte Personalarbeit; Berthel, Jürgen/Groenewald, Horst (Hg.) – Landsberg/Lech: 1992
Sandholzer, Ulrich: Informationstechnik und innerbetriebliche Kooperation: Anforderungen an Informationstechniken aus der Perspektive organisierter innerbetrieblicher Kooperation – Hummeltal: 1990
Scheben, Mathias: Die erfolgreichsten Methoden zur Konfliktvermeidung und Konfliktbewältigung im Unternehmen. Richtiges Konfliktverhalten zum persönlichen und betrieblichen Vorteil. Ein persönlicher Ratgeber für Führungskräfte mit zahlreichen persönlichen Empfehlungen – Kissing: 1979
Zündorf, Lutz/Grunt, Manfred: Hierarchie in Wirtschaftsunternehmen: Die sozialen Beziehungen zwischen Vorgesetzten und ihren Untergebenen in Industrie- und Dienstleistungsunternehmen – Frankfurt/New York: 1980

Betriebsklima

Conrad, Peter/Sydow, Jürgen: Organisationsklima – Berlin: 1984

Farbstein, Wolf: Vom optimierten Betriebsklima zum integrierten Mitarbeiter: Ein psychologischer Wegweiser für Unternehmer, Manager, Personalchefs, Chefs, Abteilungsleiter und sonst jedermann, der mit Personal und Personalproblemen zu tun hat – Zürich: 1983

Florek, Thomas: Das Organisationsklima als Einflußfaktor auf ausgewählte personalwirtschaftliche Aspekte; Hummel, Thomas R./Zander, Ernst (Hg.) – Mering: 1986

Götte, Martin: Betriebsklima – Göttingen: 1962

Häfliger, Egon: Der aktive Betrieb: Management by conflicts – Zürich: 1981

Kowalewsky, Wolfram: Über den Umgang mit Vorgesetzten: Macht und Mut am Arbeitsplatz – Köln: 1986

Sahm, August/Hubner, Inge/Hubner, Ulrich: Die Entwicklung eines kollegialen Verhaltensklimas im Betrieb; Wolfgang Wittner (Hg.), Toncassette – Ehningen: 1990

Salier, Sybille: Kollektivklima: ein Ratgeber für Gewerkschaftsfunktionäre und Kollektivleiter – Berlin: 1987

Betriebsklima/Konflikt

Flodell, Charlotta: Miteinander oder Gegeneinander: Eine sozialpsychologische Untersuchung über Solidarität und Konkurrenz in der Arbeitswelt – Wiesbaden: 1989

Höhn, R.: Die innere Kündigung im Unternehmen – Bad Harzburg: 1986

Konflikt in der Führungsgruppe; o. Verf.; Deutsches GRID-Institut – Recklinghausen: 1984

Leymann, Heinz: Mobbing: Psychoterror am Arbeitsplatz und wie man sich dagegen wehren kann – Reinbek bei Hamburg: 1993

Moebius, Monica: Psychoterror im Betrieb; in: Arbeit – die seelischen Kosten!: Thema: Arbeit und Psyche – Weinheim: 1988

Nuber, Ursula: Arbeitsfrust: die innere Kündigung, in: Arbeit – die seelischen Kosten!: Thema: Arbeit und Psyche – Weinheim: 1988
Pawlowsky, Peter: Aus Kollegen werden Konkurrenten, in: Arbeit – die seelischen Kosten!: Thema: Arbeit und Psyche – Weinheim: 1988
Rüttinger, Bruno: Konflikt und Konfliktlösen – Goch: 1980

Betriebsklima/Führung

Fiedler, Winfried: Wie schafft man ein leistungsförderndes Betriebsklima? – Köln: 1982
Das Gespräch als Führungsinstrument: Besprechungen – Mitarbeitergespräche – Vorträge; Bundesarbeitgeberverband Chemie e. V., Wiesbaden (Hg.) – Heidelberg: 1986
Kälin, Kurt/Müri, Peter: Sich und andere führen: Psychologie für Führungskräfte und Mitarbeiter – Thun: 1985
Krüger, Wilfried: Konfliktsteuerung als Führungsaufgabe: Positive und negative Aspekte von Konfliktsituationen – München: 1973
Leavitt, Harold: Grundlagen der Führungspsychologie: Individuum – Gruppe – Organisation – München: 1974
Müri, Peter: Dreidimensional führen mit Verstand, Gefühl und Intuition: Handbuch des modernen Managements Bd. 2: Anwendung – Thun: 1990
Rotenhan, Eleonore von: Mitmenschlichkeit im Betrieb: Der Umgang mit problembeladenen Mitarbeitern – Landsberg am Lech: 1986
Saaman, Wolfgang: Effizient führen: Mitarbeiter erfolgreich machen – Wiesbaden: 1990
Wolff, Georg/Göschel, Gesine: Konsens statt Konflikt: Betriebsklima und Führungsverhalten bei Finanzdienstleistern – Stuttgart: 1992

Betriebsklima/Streß

Belastungen und Stress bei der Arbeit – Reinbek: 1982
Berger, Rita: Organisationales Betriebsklima und Streß – Berlin: 1989

Pfaff, Holger: Streßbewältigung und soziale Unterstützung: Zur sozialen Regulierung individuellen Wohlbefindens – Weinheim: 1989

Hierarchie

Fehl-Duda, Helga: Macht oder Effizienz?: Eine ökonomische Theorie der Arbeitsbeziehungen im modernen Unternehmen – Frankfurt/New York: o. J.

Heintel, Peter/Krainz, Ewald E.: Projektmanagement: eine Antwort auf die Hierarchiekrise? – Wiesbaden: 1990²

Mueller, Robert K.: Betriebliche Netzwerke: Kontra Hierarchie und Bürokratie – Freiburg: 1988

Ochsenbauer, Christian: Organisatorische Alternativen zur Hierarchie: Überlegungen zur Überwindung der Hierarchie in Theorie und Praxis der betriebwirtschaftlichen Organisation; Aschoff, Christoff/Müller-Bader, Peter (Hg.) – München: 1989

Ruf, Ambrosius K.: Konfliktfeld Autorität: Zur Ethik dialog. Gehorsams – München: 1974

Wegener, Bernd: Kritik des Prestiges – Wiesbaden: 1988

Sozialer Koflikt

Berkel, Karl: Konflikttraining – Heidelberg: 1985

Bilzer, Friedrich: Konfliktlernen: Informationsbedingungen und kommunikative Voraussetzungen von Konfliktbewußtsein, Konfliktfähigkeit und Konfliktbewältigung – Frankfurt/M.: 1978

Dornette, Wolfgang/ Pulkowski, Hanne B.: Konfliktspiele: Experimentelle Spiele in der Psychologie – München: 1974

Feger, Hubert: Konflikterleben und Konfliktverhalten: Psychologische Untersuchung zu alltäglichen Entscheidungen – Bern: 1978

Hoffman, Rainer W.: Arbeitskampf im Arbeitsalltag: Formen, Perspektiven und gewerkschaftspolitische Probleme des verdeckten industriellen Konflikts – Frankfurt/New York: 1981

Horn, Klaus/Beier, Christel/Wolf, Michael: Krankheit, Konflikte und soziale Kontrolle: Eine empirische Untersuchung subjektiver Sinnstrukturen – Opladen: 1983

Huber, Wolfgang: Konflikt und Konsum: Studien zur Ethik der Verantwortung – München: 1990

Kempf, Wilhelm: Konfliktlösung und Aggression: Zu den Grundlagen einer psychologischen Friedensforschung – Bern u. a.: 1978

Kirchner, Klaus: Krankheit rettet: Psychologische Kriegsführung – Erlangen: 1976

Konflikt und Konfliktbewältigung: Handlungstheoretische Aspekte einer praxisorientierten psychologischen Forschung; Kempf, Wilhelm u. a. (Hg.) – Bern u. a.: 1981

Konflikt und Konfliktstrategie: Ansätze zu einer soziologischen Konflikttheorie; Buhl, Walter L. (Hg.) – München: 1973²

Konfliktbewältigung durch Verhandlungen Band 1: Informelle und mittlerunterstützte Verhandlungen in Verwaltungsverfahren; Hoffmann-Riem, Wolfgang u. a. (Hg.) – Baden-Baden: 1990

Konflikt-Management: Freiheitschance, Gewinnverantwortung, Führungsverpflichtung; Baur, Georg u. a. (Hg.) – Bern: 1977

Konfliktpotentiale und Konfliktstrategien: Beiträge zur politischen Soziologie der Bundesrepublik; Herzog, Dietrich u. a. (Hg.) – Opladen: 1989

Lay, Rupert: Krisen und Konflikt: Ursachen, Ablauf, Überwindung – München: 1980

Naase, Christian: Konflikte in Organisationen: Ursachen und Reduzierungsmöglichkeiten – Stuttgart: 1978

Nollert, Michael: Interessenvermittlung und sozialer Konflikt: Über Bedingungen und Folgen neokorporatistischer Konfliktregelung – Pfaffenweiler: 1992

Oechseler, Walter A.: Konfliktmanagement: Theorie und Praxis industrieller Arbeitskonflikt Bd. 4 – Wiesbaden: 1979

Opp, Karl-Dieter: Theorie sozialer Krisen – Hamburg: 1978

Opp, Karl-Dieter: Das »ökonomische Programm« in der Soziologie; in: Theorie und Erfahrung; Albert, H./Stapf, K. H. (Hg.) – Stuttgart: 1979

Rapoport, Anatol: Konflikt in der vom Menschen gemachten Umwelt – Darmstadt: 1975

Regnet, Erika: Konflikt in Organisationen: Formen, Funktion und Bewältigung – Göttingen: 1992

Reimann, Hans L./Fischer, Kurt/Degreif, Gunter: Konfliktlösung in einem »Haus der offenen Tur«: Planspiel, durchgeführt in einem Lehrgang zur Theorie der Gruppenarbeit mit Studierenden ..., Pädagogische Arbeits- und Forschungsstelle für Jugendhilfe und Erwachsenenbildung – Vlotho: 1969

Schwarz, Gerhard Konflikt-Managment: Sechs Grundmodelle der Konfliktlösung – Wiesbaden: 1990

Thomae, Hans: Entscheidung. Verantwortung: Ein Beitrag zur Psychologie der Entscheidung – Stuttgart: 1974

Ulich, Peter: Konflikt und Persönlichkeit: Psychologische Modelle und ihre Bedeutung für die Pädagogik – München: 1970

Weede, Erich: Konfliktforschung: Einführung und Überblick – Opladen: 1986

Weede, Erich: Kosten-Nutzen-Kalküle als Grundlage einer allgemeinen Konfliktsoziologie; Zeitschrift für Soziologie 1984, 13

Zelger, Josef: Konflikte und Ziele: Zur Entscheidungsfindung in einer Gruppe – Spardorf: 1986

Zuschlag, Bernd/Thielke, Wolfgang: Konfliktsituationen im Alltag: Ein Leitfaden für den Umgang mit Konflikten in Beruf und Familie – Göttingen: 1992

Arbeitsplatz

Humane Arbeit; Zimmermann, L. (Hg.) – Reinbek: 1982

Leben, lieben, leiden im Büro: Reportagen, Essays, Analysen, Geschichten und Glossen aus der sauberen Arbeitswelt; Fehr, Marianne (Hg.) – Zürich: 1991

Mainiero, Lisa: Liebe im Büro: Flirts, Intrigen und Karrieren am Arbeitsplatz – Stuttgart: 1991

Nuber, Ursula: Gefühls-Arbeit, in: Arbeit – die seelischen Kosten!: Thema: Arbeit und Psyche – Weinheim: 1988

Tamke, Kurt: Verhalten und Verständigung im Beruf: die Gestaltung der sozio-emotionalen Beziehungen am Arbeitsplatz – Wiesbaden: 1990

Volmerg, Birgit/Senghaas-Knobloch, Eva/Leihäuser, Thomas: Betriebliche Lebenswelt: Eine Sozialpsychologie industrieller Arbeitsverhältnisse – Opladen: 1986

Vor Ort: Betriebsreportagen – Frankfurt a. M.: 1987

Arbeitsplatz/Konflikt

Arbeit im Konflikt: Probleme der Humanisierungsdebatte; Gohl, Jürgen (Hg.) – München: 1977

Bosshard, Karl: Konflikt und Konfliktmessung im Unternehmen – München: 1973

Gamber, Paul: Konflikte und Aggressionen im Betrieb: Problemlösungen mit Übungen, Tests und Experimenten – München: 1992

Arbeitsplatz/Streß

Bamberg, Eva: Arbeit und Freizeit: eine empirische Untersuchung zum Zusammenhang zwischen Streß am Arbeitsplatz, Freizeit und Familie – Weinheim: 1986

Dunckel, Heiner/Zapf, Dieter: Psychischer Streß am Arbeitsplatz: Belastungen, gesundheitliche Folgen, Gegenmaßnahmen, Verein Arbeit, Bildung, Forschung e. V. – Köln: 1986

Frese, Michael: Stress im Büro – Bern: 1981

Greif, Siegfried: Streß und Gesundheit; ZSE, 3. Jg. 1983, Nr. 1

Hasenack, Wilhelm: Arbeitshumanisierung und Betriebswirtschaft: Fließband- und Gruppenarbeit im Wettbewerb – München/Wien: 1977

Psychischer Streß am Arbeitsplatz; Greif, Siegfried/Bamberg, Eva/Semmer, Nobert (Hg.) – Göttingen: 1991

Zapf, Dieter: Streßbezogene Arbeitsanalyse bei der Arbeit mit unterschiedlichen Bürosoftwaresystemen; in: Zeitschrift für Arbeits- und Organisationspsychologie, 35 (N. F. 9) 1

Arbeit/Gesundheit

Arbeit und Gesundheit: Stress und seine Auswirkungen bei verschiedenen Berufen; Udris, Ivars (Hg.) – Bern u. a.: 1982

Arbeitsbedingungen und Gesundheitsverschleiß; Wirtschafts- und Sozialwissenschaftliches Institut – Düsseldorf: 1987

Arbeitsbelastung und Krankheit bei Industriearbeitern; Friczewski, Franz u. a. (Hg.) – Frankfurt/New York: 1982

Caplan, R. u. a.: Arbeit und Gesundheit – Bern: 1982

Funke, Hajo: Arbeit darf nicht krankmachen: Alternativen zur betrieblichen Gesundheitspolitik – Frankfurt/New York: 1983

Georg, Arno/Stuppard, Rolf/Zoike, Erika: Krankheit und arbeitsbedingte Belastungen: Analyse der Art, Häufigkeit und Dauer von mit Arbeitsunfähigkeit verbundenen Erkrankungen und Unfällen bei Mitgliedern der Betriebskrankenkassen unter Berücksichtigung ausgewählter arbeitsweltlicher und soziodemografischer Faktoren; Bd. 1: Voraussetzungen, Schwerpunkte und erste Ergebnisse; Bundesverband der Betriebskrankenkassen – Essen: 1981

dito: Bd. 2: Ergebnisse – Essen: 1982

Gesundheitsförderung in der Arbeitswelt: Dokumentation des Fachseminars »Arbeit und Gesundheit« in der Bildungsarbeit v. Czock, Horst/Goebel, Eberhard/Guthke, Beate; Med. Inform. und Komm. Zentrum – Berlin: 1992

Hacker, Winfried: Aspekte einer gesundheitsstabilisierenden und -fördernden Arbeitsgestaltung, in: Zeitschrift für Arbeits- und Organisationspsychologie, 35 Jg. (N. F. 9) 2

Kaufmann, I./Pornschlegel, H./Udris, I: Arbeitsbelastung und Beanspruchung, in: Humane Arbeit; Zimmermann, L. (Hg.) – Reinbek: 1982

Lesebuch zu Arbeit und Gesundheit. »Man darf nicht wehleidig sein.«; Czock, Horst/Goebel, Eberhard/Guthke, Beate (Hg.) Berliner Gesundheitsladen – Berlin: 1990

Litschel, Erwin: Arbeit und Gesundheit: Fakten und Vorschläge – Regensburg: 1989

Nutzung von Daten der Kranken- und Sozialversicherung zur Darstellung des Zusammenhangs von Arbeitsbedingungen und Gesundheit: Expertisen; Kolloqium am 24.9.1985 in Dortmund (Bundesanstalt für Arbeitsschutz; Hernberg, Sven; Hg.) – Bremerhaven: 1986

Seibel, Hans D./Lühring, Horst: Arbeit und psychische Gesundheit: Belastungen und Beanspruchungen durch die Arbeit und ihre Auswirkungen auf die psychische Gesundheit: eine Untersuchung bei männlichen und weiblichen Arbeitern und Angestellten – Göttingen: 1984

Semmer, Norbert: Arbeitsbedingungen und psychische Gesundheit, epd-Dokumentation 21/85

Slesina, Wolfgang: Arbeitsbedingte Erkrankungen und Arbeitsanalyse: Arbeitsanalyse unter dem Gesichtspunkt der Gesundheitsvorsorge – Stuttgart: 1987

Stahn-Willig, Brigitte: Hetze, Monotonie und Stress: Arbeitsbedingungen und Arbeitsbelastungen von Frauen. Eine Dokumentation; Wirtschafts- und Sozialwissenschaftliches Institut – Düsseldorf: 1985

Straif, Kurt: Arbeitsbedingungen und Erkrankungsrisiken des Verkaufspersonals – Bremerhaven: 1985

Organisationspsychologie

Arbeits- und Organisationspsychologie: Internationales Handbuch in Schlüsselbegriffen; Greif, Siegfried u. a. (Hrsg.) – München: 1989

Bosetzky, Horst/Heinrich, Peter: Mensch und Organisation: Aspekte bürokratischer Sozialisation; eine praxisorientierte Einführung in die Soziologie und die Sozialpsychologie der Verwaltung – Köln: 4. überarb. u. erw. Auflage 1989

Corporate Identity: Grundlagen, Funktionen, Fallbeispiele; Birkigt, Klaus/Stadler, Marinus M. (Hg.) – Landsberg am Lech: 1986

Gebert, Dieter/Rosenstiel, Lutz von: Organisationspsychologie: Person und Organisation – Köln: 3. überarb. und erw. Auflage 1992

Glasl, Friedrich: Konfliktmanagement: Diagnose und Behandlung von Konflikten in Organisationen – Bern: 1980

Hermann, Ursula: Die Implementierung betrieblicher Rationalisierungshandlung und der personelle Widerstand: Eine Anwendung des funktional-strukturellen Systemansatzes auf betriebswirtschaftliche Problemstellung – Göttingen: 1984

Hoefert, Hans-Wolfgang: Psychologische und soziologische Grundlagen der Organisation – Gießen: 1979^2

13. Kongreß für angewandte Psychologie; Bd. 1: Beiträge aus der Arbeits- und Organisationspsychologie, Ausbildung in Psycho-

logie, Politische Psychologie, Verkehrspsychologie – Bonn: 1986
Perle, Udo: Arbeiten im Team – Tübingen: 1978
Peters, T. J./Watermann, R. H.: Auf der Suche nach Spitzenleistungen – Landsberg am Lech: 1983
Schryögg/Steinmann/Zauner: Arbeitshumanisierung für Angestellte: Job-Enrichment im Verwaltungs- und Dienstleistungsbereich – Stuttgart: 1978

Innerbetriebliche Kooperation

Bambeck, Joern J.: Softpower: Gewinnen statt Siegen – München: 1991
Braun, Wolfram: Kooperation im Unternehmen: Organisation und Steuerung von Innovation – Wiesbaden: 1991
Führung und Zusammenarbeit im Betrieb; Bolte, Karl Martin/Rink, Jürgen/Timmermann, Manfred (Hg.); – Düsseldorf: 1990 2. überarb. Auflage
Gierschner, Hans-Christof: Information und Zusammenarbeit bei Innovationsprozessen – Frankfurt a. M.: 1991
Tardy, József: Was der Kollege wirklich meinte ..., in: Arbeit – die seelischen Kosten!: Thema: Arbeit und Psyche – Weinheim: 1988

Fehlzeiten

Elci, Adnan: Die Beeinflussung des Abwesenheitsverhaltens durch das Zusammenspiel zwischen Arbeitsbedingungen und außerbetrieblichen Lebensbedingungen: eine empirische Untersuchung in einem mittelständischen Unternehmen der metallverarbeitenden Industrie – Karlsruhe: 1986
Krause, Detlef: Arbeitszeiten und Fehlzeiten: Ergebnisse einer empirischen Analyse betrieblicher Aufzeichnungen – Stuttgart: 1992
Theis, Karl H.: Fehlzeiten und psychische Beschwerden: Reaktionsformen auf Belastungen im Betrieb – Stadtlauringen: 1985

Tinar, Mustafa Yasar: Humanisierung der Arbeit und Produktivität: Auswirkungen einer Erweiterung des Entscheidungsspielraums der Arbeitnehmer auf Fehlzeiten, Fluktuation und Arbeitsproduktivität in Wirtschaftsorganisationen – Frankfurt a. M.: 1986

Arbeitsethik

Arbeit und Humanität: Öffentliche interdisziplinäre Veranstaltung der Universität der Eidgenossenschaftlichen TH Zürich; Rich, Arthur u. a. (Hg.) – Königstein/Ts.: 1978
Hamm, Heinrich: Arbeit, Ethik, Menschenrecht: Sicherheit der Arbeitsplätze als sozialethische Forderung – Limburg: 1976
Mieth, Dietmar: Arbeit und Menschenwürde – Freiburg i. Br. u. a.: 1985
Mockenhaupt, Hubert: Die Arbeit menschlich ordnen: Heinrich Brauns – Ein Leben für die soziale Gerechtigkeit – Trier: 1990
Nell-Breuning, Oswald von: Arbeitet der Mensch zuviel?! – Freiburg i. Br. u. a.: 1985